O Batismo do
Espírito Santo

Erroll Hulse

O Batismo do Espírito Santo

FIEL
Editora

H917b Hulse, Erroll, 1931-
O batismo do Espírito Santo / Errol Hulse. – 2. ed. – São José dos Campos, SP : Fiel, 2018.

138 p.
Tradução de: Crisis experiences.
Inclui referências bibliográficas.
ISBN 9788581325033

1. Vida cristã – Doutrina bíblica. 2. Batismo no Espírito Santo – Doutrina bíblica. 3. Experiência (Religião). I. Título.

CDD: 234.13

Catalogação na publicação: Mariana C. de Melo Pedrosa – CRB07/6477

O BATISMO DO ESPÍRITO SANTO

traduzido do original em inglês:
Crisis Experiences

Copyright © 1994 by Erroll Hulse

∎

Publicado originalmente por Evangelical Press,
1st Floor Venture House, 5&6 Silver Court
Watchmead, Welwyn Garden City, AL7 1TS

Copyright © 2006 Editora Fiel
Primeira edição em português: 2006
Segunda edição em português: 2018

Todos os direitos em língua portuguesa reservados por Editora Fiel da Missão Evangélica Literária
PROIBIDA A REPRODUÇÃO DESTE LIVRO POR QUAISQUER MEIOS SEM A PERMISSÃO ESCRITA DOS EDITORES, SALVO EM BREVES CITAÇÕES, COM INDICAÇÃO DA FONTE.

∎

Diretor: Tiago J. Santos Filho
Editor-chefe: Tiago J. Santos Filho
Editora: Renata do Espírito Santo
Coordenação Editorial: Gisele Lemes
Tradução: Editora Fiel
Revisão: Antonivan Pereira
Diagramação: Rubner Durais
Capa: Rubner Durais
ISBN: 978-85-8132-503-3

FIEL Editora

Caixa Postal 1601
CEP: 12230-971
São José dos Campos, SP
PABX: (12) 3919-9999
www.editorafiel.com.br

SUMÁRIO

Prefácio 7

Introdução: e quanto ao batismo do Espírito? 9

1 A importância da experiência 15

2 Nenhum batismo do Espírito é ordenado
no Novo Testamento 21

3 As quatro grandes ocasiões: em Jerusalém,
em Samaria, em Cesareia e em Éfeso 49

4 Como devemos interpretar as experiências de crise? 77

5 A obra do Espírito Santo no Antigo Testamento
comparada ao Novo 107

6 Reavivamento 117

Apêndice: A importância da revelação progressiva 135

PREFÁCIO

Do meu modo de ver a História da Igreja, o reino de Cristo sempre foi primeiramente atacado com referência à Escritura. É verdade que nos primeiros séculos propagou-se a controvérsia sobre a natureza ou pessoa de Cristo. Após isto, o adversário tem atacado a Palavra. Inicialmente, trabalhou para adicionar a ela tal montante de tradição humana que quase a submergiu, tal a dimensão da pilha. A Reforma teve sucesso em trazer a igreja de volta ao princípio de *Sola Scriptura* (somente pela Escritura). Em seguida, houve uma longa batalha sobre a confiabilidade da Palavra de Deus. Na América, a luta continua sobre a questão da infalibilidade. Aqui, na Inglaterra, o assunto em debate é a suficiência da Palavra. Alguns sustentam que a profecia continua e com ela todos os dons descritos em 1 Coríntios 12. Afirmam a continuidade do apostolado. Admitem que esses chamados profetas e apóstolos são de uma classe inferior e de um tipo modificado, mas, sem importar onde estão e o que se diga, colocam-se como complementadores da Palavra. Isto abre a comporta da experiência subjetiva de uma outra represa além das Escrituras. Não é surpresa, então, que a Escritura gradualmente declina e é movida do lugar de supremacia. E a experiência pessoal assume a liderança. Por experiência pessoal refiro-me ao que vem de dentro do homem, ao invés do que desce do céu.

A questão, se os dons carismáticos sobrenaturais ou extraordinários continuam, é enfocada por Douglas Judisch, no livro *An Evaluation of Claims to the Charismatic Gifts* (Uma Avaliação dos Dons Carismáticos); mas aqui, no prefácio, chamo a atenção à conexão entre os dois assuntos - a infalibilidade e a suficiência da Palavra. Supõe-se ser o batismo do Espírito a porta aberta aos dons sobrenaturais. A ideia que tudo, hoje, deve ser como era no livro de Atos explica porque há esta grande ênfase no batismo do Espírito, como uma crise pós-conversão e, também, porque há o desejo pela existência de profetas e apóstolos.

INTRODUÇÃO:

E QUANTO AO BATISMO DO ESPÍRITO?

Se omitirmos o livro de Atos, ficamos face a face com o fato de que não há um batismo do Espírito prometido, recomendado, ordenado ou sugerido no Novo Testamento. Em todas as cartas do Novo Testamento os crentes são levados de volta às suas conversões, sua fé em Cristo, sua união com Cristo e, através de Cristo, sua união com a Trindade. São direcionados ali à sua purificação inicial, sua justificação e sua santificação. Sempre, sua conversão é colocada diante deles e nunca, jamais, uma subsequente experiência de crise.

Apesar disto, uma corrente de tradição tem sido construída no evangelismo, que ensina a importância de uma experiência de crise pós-conversão, frequentemente chamada de batismo do Espírito Santo. Tal experiência nunca é claramente explicada. É mística. Alguma coisa acontece que, segundo é alegado, eleva a pessoa a um novo plano espiritual. O nome mais comum para isto é "batismo do Espírito". Conforme di-

O BATISMO DO ESPÍRITO SANTO

ferentes escolas, este batismo do espírito ou experiência de crise é estimulado ou ensinado, a fim de satisfazer as seguintes necessidades:

1. Santidade de vida.
2. Poder espiritual para pregação ou serviço.
3. Certeza de salvação.

As ideias sobre o batismo do Espírito variam grandemente, segundo os seus defensores. Por exemplo, alguns pregam sete condições para o recebimento do batismo do Espírito; outros, cinco; e alguns, três[1].

A ideia de um batismo do espírito a fim de equipar o crente para a santidade de vida tem suas raízes na doutrina perfeccionista Wesleyana. Os termos "experiência de santificação", ou "segunda bênção", ou "batismo do Espírito" são igualados. Charles G. Finney foi um grande defensor deste ensinamento, sendo perpetuado no evangelismo por A.J. Gordon, F.B. Meyer, A.B. Simpson, Andrew Murray e R.A. Torrey[2].

A ideia, que tem sido propagada em larga escala, é que a experiência do "batismo do Espírito" é o único caminho pelo qual os crentes podem entrar em um estado espiritual mais elevado. Para promover este ensinamento, faz-se referência ao baixo nível espiritual dos cristãos. Como podemos crer que são completos em Cristo? Como podemos manter a ideia de que têm tudo somente pela sua regeneração ou novo nascimento? A tendência, portanto, é minimizar a conversão e a

---

[1] Frederick Dale Bruner, *The Theology of the Holy Spirit*, p. 92.
[2] Ibidem, p. 44 ss

Introdução: E quanto ao batismo do Espírito?

regeneração a fim de estabelecer a necessidade desta experiência especial que, muitos insistem, é a mesma coisa que o ser selado pelo Espírito. Consideram isto como uma experiência sentida e reforçam seu ensino com muitas referências à experiência cristã.

Além disto, os proponentes deste ponto de vista insistem que se pode estar cheio do Espírito Santo e nunca haver sido batizado com o Espírito, como uma experiência de crise pós-conversão.

O resultado deste ensino é que se termina sempre com uma divisão entre os que "têm o batismo" e aqueles que "não o têm". Há aqueles que alegam haver alcançado, através desta experiência, um estado espiritual mais alto. A tendência é, portanto, alegar superioridade em todos os aspectos quanto a liberdade de culto, qualidade de louvor, oração e discernimento da mente de Deus. Muito ligada à experiência do "batismo" é a alegação da restauração de todos os dons extraordinários do Espírito Santo, para os dias atuais. Até que ponto é consciente, não posso dizer, mas com a superioridade que é afirmada há, ao mesmo tempo, uma constante depreciação quanto à fraqueza e ao baixo nível de vida espiritual dos evangélicos "não carismáticos". Naturalmente, isto serve bem aos seus propósitos, pois esta depreciação leva muitos a pensar que a alegada entrada em um nível espiritual mais alto, de fato, deve ser correta. Uma outra característica é a apresentação da igreja apostólica, de Atos e do Novo Testamento, como uma maravilhosa igreja cheia do Espírito Santo porque "tinham o batismo", enquanto nós não o temos. Num exame mais minucioso, descobrimos que esta visão romântica de um plano gloriosamente exaltado da vida espiritual nas igrejas do Novo Testamento não é verdadeira. A igreja de Corinto, por exemplo, mais do que qualquer outra, gabava-se de dons espirituais, mas seria difícil achar uma igreja evangélica, hoje, tão má como aquela em Corinto, onde a divisão era predominante, a imoralidade desmedida e a imaturidade corrente.

Para lidar com este assunto, quero proceder como segue.

Primeiro, é essencial proclamar nossa sincera crença na experiência espiritual no momento da conversão e, também, afirmar nossa crença sincera e sem reservas no que é chamado de reavivamento. Com relação a este assunto, sou um admirador de Jonathan Edwards e considero seu livro *The Religious Affections* (As Emoções Religiosas) como um clássico. Edwards conheceu o reavivamento diretamente. Cria na cessação do apostolado e dos sinais, maravilhas e milagres especiais associados a ele. Admitia muitas e diferentes experiências, mas jamais defendeu uma única experiência de crise pós-conversão. É importante acentuar nossa fé na experiência. Nossos amigos pentecostais procuram constantemente nos rotular como pessoas não experimentais e não reavivacionistas. Também estamos plenamente cônscios do perigo do calvinismo meramente acadêmico ou intelectual.

Segundo, é necessário provar que as cartas do Novo Testamento jamais defendem um batismo do Espírito, após a conversão, com a finalidade de conseguir poder, santidade ou segurança. Esta prova requer uma demonstração poderosa e convincente.

Terceiro, é necessário explicar o significado das quatro ocasiões em Atos, quando o Espírito Santo batizou grupos de

Introdução: E quanto ao batismo do Espírito?

pessoas. Muitas outras pessoas são descritas em Atos, as quais não tiveram experiência semelhante àquela que tiveram esses quatro grupos. O livro de Atos é descritivo da transição do Velho Testamento para o Novo Testamento.

Quarto, é útil comentar sobre as experiências dos cristãos que afirmam que têm o batismo do Espírito. Veremos que há diferentes experiências.

Quinto, observamos que a obra do Espírito Santo no Velho Testamento foi significativa. Qual, então, é a diferença entre o Velho Testamento e o Novo Testamento? Que relação tem isto na experiência? Como vamos entender a transição do Velho Testamento para o Novo Testamento?

Finalmente, qual é a aplicação prática do evento histórico de Pentecostes e como está relacionado ao enchimento do Espírito e à doutrina do reavivamento? Reavivamento é o assunto mais importante que poderia ocupar nossas mentes ao contemplarmos as fervilhantes multidões do mundo atual.

CAPÍTULO 1

A IMPORTÂNCIA DA EXPERIÊNCIA

É, importante enfatizar o lugar da experiência espiritual na vida cristã. Fora as experiências espirituais relacionadas à conversão - tais como a devastadora convicção de pecado, a extasiante alegria devido ao perdão e à segurança, a dedicação fervorosa e o zelo, etc - existem muitos tipos de experiências vivenciadas após a conversão. Os crentes são, às vezes, deslumbrados por uma sensação do amor de Deus ou podem experimentar uma alegria inexprimível e cheia de glória. Paulo menciona ter sido levado ao paraíso (2Co 12.4). Alguns crentes têm sonhos e outros têm visões.

No meu livro, *The Believer's Experience* (A Experiência do Crente), enfatizo a importância da experiência na conversão. Isto varia grandemente, desde o drama que provoca calafrios na espinha do carcereiro suicida, de Filipos, à doce e calma experiência de Lídia, cuja conversão é também registrada em Atos, capítulo 16. A convicção de pecado e a alegria são duas áreas principais de experiência nos sentimentos e emoções da conversão. Há ainda a plenitude do amor de Deus e a garantia direta de Romanos 8.16; e o selo, referido em Efésios 1.13 e 2 Coríntios 1.22. O desenvolvimento e o gozo da união e da comunhão com o Pai, o Filho e o Espírito Santo envolvem experiência. Este assunto ocupa 447 páginas de exposição por John Owen, que podem ser encontradas em sua obra, *Works* (v. 2), publicada por The Banner of Truth.

A provação é acompanhada de paciência e conforto nos tempos de sofrimento, tribulação e aflição. E que dizer sobre o abandono, que é uma experiência apavorante? As Escrituras descrevem o abandono e não podemos confiná-lo ao Velho Testamento. Observe que evitamos a armadilha de tornar qualquer destas experiências a norma. A conversão e a vida cristã diária podem ser acompanhadas por grandes alegrias em uns, mas não em todos. Os elementos básicos da experiência são os mesmos em todos os crentes, mas a expressão deles é amplamente divergente; assim como os temperamentos e as personalidades diferem amplamente.

A experiência é uma parte essencial e integrante de nossa fé cristã e, se necessitamos incrementar a ênfase neste âmbito, é importante depender dos meios prescritos para fazê-lo. Por causa de uma sede por estímulos, muitos são inclinados a procurar coisas sensacionais e, então, consideram a pregação, as reuniões de oração, a ceia do Senhor e os cultos como comuns, isto é, não empolgantes! Mas os meios de graça são a melhor provisão de Deus, e não há melhores. A pregação será sempre seu melhor meio de graça até o final dos tempos (1Co 1.21, Mt 28.18-20). A solução, então, se encontra não na procura de experiências, por si

A importância da experiência

mesmas, mas em aperfeiçoar o ministério provido para elevar os aspectos experimentais de alegria, poder, segurança, e assim por diante.

Quando se fala do âmbito da experiência, o campo para dar testemunhos e contar histórias é infindável, mas isto pode, bem depressa, se tornar sem lucro e consumir tempo excessivo. Muitos que não podem provar seu argumento pela Escritura recorrerão a episódios pessoais e histórias. Se vamos refletir sobre experiência espiritual, é mais lucrativo recordar e lembrar tempos de reavivamento, embora seja possível ficar deprimido com tais lembranças. Por exemplo, há aqueles, na Irlanda do Norte, que podem lembrar um poderoso movimento do Espírito Santo, em 1920-1921, através do ministério da pregação de Willy Nicholson. Ele foi um diamante não lapidado, que pregava a respeito do fogo do inferno e, através dele, centenas foram convertidos. Homens rudes das áreas do cais afluíam às reuniões, e Deus se encontrava com eles. Após este tempo, Nicholson foi à América. Voltou em 1930 e se esperava que haveria uma repetição do que acontecera em 1920-1921, mas nada aconteceu. As palavras, as expressões e os métodos eram todos os mesmos, mas o poder havia desaparecido.

Há tempos de despertamento e poder extraordinários, mas sempre são períodos extras e fora do comum. Devemos regozijar-nos por ter havido tais tempos e orar por seu retorno. De fato, nunca cessamos de orar sincera e urgentemente pela conversão de nossos queridos. Se não vemos grandes tempos de poder, não devemos tentar criá-los artificialmente. Nosso único recurso é usar os meios de graça, que nos são preciosos e nunca devem ser considerados como mundanos. Nem devemos desprezar os tempos sem reavivamento. Mesmo em períodos sem reavivamento temos boas obras para executar, e em quantidade mais do que suficiente.

Jonathan Edwards (1703-1758) escreveu um tratado com o título *The Religious Affections* (As Emoções Religiosas). Esta é provavelmente a mais penetrante análise já produzida sobre o assunto da experiência. Os títulos dos capítulos, que seguem como citação direta do tratado de Edwards, não apenas revelam o pensamento notável do autor, mas também fornecem um comentário revelador sobre no que consiste a experiência espiritual genuína.

Demonstrando que não há sinais seguros de que as emoções religiosas são verdadeiramente da graça, ou que não sejam:

1. Que as emoções religiosas são muito grandes não é sinal
2. Grandes efeitos no corpo não são sinal
3. Fluência e fervor não são sinais
4. Que não são estimuladas por nós não é sinal
5. Que vêm com textos da Escritura não é sinal
6. Que há uma aparência de amor não é sinal
7. Que as emoções religiosas são de muitos tipos não é sinal
8. Se a alegria acontece em uma certa ordem não é sinal
9. Muito tempo e muito zelo no dever não são sinal
10. Muita expressão de louvor não é sinal
11. Grande confiança não é sinal seguro
12. Testemunhos comovedores não são sinal

A importância da experiência

Mostrando quais são os sinais característicos de santas emoções provenientes verdadeiramente da graça:

1. Emoções da graça são de influência divina
2. Seu objetivo é a excelência das coisas divinas
3. São fundadas na excelência moral de objetivos
4. Surgem de iluminação divina
5. São acompanhadas de uma convicção de certeza
6. São acompanhadas de humilhação evangélica
7. São acompanhadas de uma mudança de natureza
8. Geram e promovem o temperamento de Jesus
9. Emoções da graça enternecem o coração
10. Têm linda simetria e proporção
11. Emoções falsas se satisfazem em si mesmas
12. Emoções religiosas têm seus frutos na prática cristã
    (i) A prática cristã é o principal sinal para os outros
    (ii) A prática cristã é o principal sinal para nós

CAPÍTULO 2

NENHUM BATISMO DO ESPÍRITO É ORDENADO NO NOVO TESTAMENTO

Como acabamos de explicar, há uma ampla variedade de experiências espirituais. Um pode ter sido dotado com uma capacitação para o serviço e outro ter o Espírito Santo ungindo-o, enquanto prega. Ainda outro pode ter uma experiência de crise em sua vida, pela qual algum pecado costumeiro é finalmente vencido e mortificado. Nem por um momento nego que há experiências de crise. Uma pessoa pode ter chegado à certeza de salvação durante uma reunião do Exército da Salvação, outra pode ter encontrado vitória para se reconciliar com seus pais, de quem se afastara, ou com o cônjuge de quem se divorciara. Isto pode ocorrer em uma cruzada evangélica ou em alguma reunião especial. Também muitos milhares testificariam de experiências de crise em encontros especiais ou em grandes reuniões ou convenções. Alguns contam de livramentos ou libertações. Alguns afirmam falar "em línguas", de liberações - e assim poderíamos continuar *ad infinitum*.

O BATISMO DO ESPÍRITO SANTO

Estou chamando a atenção para o fato de que nenhum batismo do Espírito ou qualquer experiência de crise é prometida, recomendada, oferecida e, ainda menos, ordenada no Novo Testamento. O Pentecostes foi prometido e há a extensão disto, tal como é explicado em Atos 15.8,9. Este é um fato histórico. Daí em diante, em nenhum lugar do Novo Testamento há referência a uma experiência semelhante a esta como sendo *a resposta*. Você procurará em vão. Os crentes são sempre conduzidos de volta à sua conversão e à sua união com Cristo. Nenhuma chave secreta para uma vida mais elevada é defendida. Nenhum livramento de tensão ou aflição é defendido ou prescrito.

Como vimos no início, há aqueles que insistem no batismo do Espírito como uma solução para uma vida de santidade mais alta, outros advogam o mesmo para se conseguir poder espiritual ou capacidade de servir, e ainda outros o propõem como garantia especial de salvação. Vejamos o que dizem as Escrituras.

ROMANOS - TODOS OS NOSSOS RECURSOS ESTÃO EM DEUS, PELA UNIÃO COM CRISTO

A preocupação com o poder é comum hoje - poder político, poder financeiro, poder militar, poder nuclear, e até poder físico ou mental. Nenhum poder é tão valioso como aquele que vem do Espírito Santo, quando convence o mundo do pecado, da justiça e do juízo por vir. Seu poder para convencer, regenerar e, então, neste fundamento, transformar as vidas de pessoas é sem igual. Paulo fala deste poder quando introduz o assunto de salvação aos crentes em Roma. Ele declara: "Não me envergonho do evangelho, porque é o poder de Deus para a salvação de todo aquele que crê" (1.16). Este poder é a experiência de *cada um que crê*. Esta carta aos cristãos romanos é singular devido ao modo sistemático pelo qual a justificação pela fé é explicada, bem como o tipo de vida a que essa justificação conduz. Uma vez justificado, como vive o crente? Paulo já anunciou que os justos vivem pela fé (1.17), mas especialmente no capítulo 6, entra em detalhe a respeito do problema do pecado. Como vencemos o pecado? Por um batismo do Espírito? Não! Antes obtemos força de Cristo, constantemente. Paulo direciona todos os crentes de volta a seu batismo com água. Isto significa que todos os nossos recursos estão em Deus. Somos ligados a Deus. O que mais você quer ou necessita do que isto? Como pode você acolher o pecado, se está unido a Cristo em sua morte, sepultamento e ressurreição? Dirige-os Paulo de volta a um batismo no Espírito ou a uma experiência de línguas? Não! Antes, com gratidão, ele os dirige de volta à forma de ensinamento que receberam. "Mas graças a Deus porque, outrora escravos do pecado, contudo viestes a obedecer de coração à forma de doutrina a que fostes entregues" (6.17). Não é a uma experiência pós-conversão (batismo do Espírito) que nos dirige, mas ao evangelho como um manual de ensino. Isto foi o que nosso Senhor assegurou, quando citou Deuteronômio 8.3: "Está escrito, nem só de pão viverá o homem, mas de toda a palavra que procede da boca de Deus" (Mt 4.4).

Havendo explicado que a vida cristã é vivida de acordo com nossos recursos, através de constante união com Cristo, o apóstolo explica, no capítulo 7, o papel da lei e, então, descreve a vida vivida no Espírito Santo (8.1-17). Junto com João 14-16, este trecho forma uma seção definitiva sobre o Espírito

O BATISMO DO ESPÍRITO SANTO

Santo e sua obra no Novo Testamento. Nestas passagens não há uma palavra para sugerir que um cristão estará num estado subnormal, até que tenha uma experiência especial. Ao contrário, o Espírito Santo, na inteireza de sua pessoa e obra, é prometido a cada crente a fim de ensinar, confortar, guiar, habitar e fortalecê-los para o serviço, ajudá-los a orar e assegurá-los de sua condição de filhos, isto é, de seu "status" de filhos e filhas de Deus. Nenhuma destas experiências ou atividades é forçada a apoiar-se em qualquer outra experiência em particular. Este é o verdadeiro oposto do ensino daqueles que pregam que a "condição de paralítico" e de "limitação" é a sina de todos aqueles que não experimentam o que prescrevem como sendo o batismo do Espírito.

1 CORÍNTIOS - FOMOS TODOS BATIZADOS EM UM CORPO PELO ESPÍRITO SANTO

Paulo celebra a sabedoria de Deus como aquela que ultrapassou toda a sabedoria humana. O sentido de 1 Coríntios 1.30 é particularmente esclarecedor. É a poderosa iniciação dos crentes em Cristo em que o apóstolo se gloria. Ele declara que Cristo é nossa retidão, santidade e redenção. A sabedoria que providenciou tão completa salvação ultrapassa toda forma de sabedoria do mundo. Nenhum sistema de filosofia do mundo começou sequer a conceber alguma coisa da totalidade e perfeição desta provisão. Assim, Paulo dirige a atenção dos coríntios à completa provisão que é deles. Se uma experiência espiritual em particular, além da conversão, fosse a chave para a vida espiritual, porque ele não a menciona?

Novamente, ele direciona a atenção deles à união com Cristo e não a qualquer experiência de batismo do Espírito,

Nenhum batismo do Espírito é ordenado no Novo Testamento

após a conversão. Lembra-os que, embora antes costumassem ser os mais impuros pecadores, agora tinham sido mudados. Diz Paulo: "Mas vós vos lavastes, mas fostes santificados [separados], mas fostes justificados" (1Co 6.11). Isto é dito no contexto de corrigir as mais inconsistentes e pecaminosas práticas em Corinto, tais como ações nos tribunais civis, uns contra outros. Ele os recorda que seus recursos estão no Deus triúno e na unidade que todo o cristão tem com a Trindade. Nunca devemos aviltar ou depreciar aquela união. Nunca sugerir: "Ah, então você tem apenas Cristo - é só isto? Ah, então você é apenas convertido - é só isto? Quer dizer que o novo nascimento é tudo que você tem?!"

Terríveis problemas de divisão, imoralidade e confusão, tais como bebedeira antes da ceia do Senhor, afligiam a igreja de Corinto, mas Paulo jamais se refere a um batismo especial do Espírito como uma experiência que os elevaria a um plano espiritual mais alto. Ele se refere somente ao seu batismo em Cristo e à sua união com Deus. Se alguma experiência especial de poder fosse a base do viver cristão, porque nenhuma só referência se faz a ela, nestas cartas ou em qualquer outra do Novo Testamento?

O batismo do Espírito Santo de todos os crentes, sem exceção, é descrito em 1 Coríntios 12.13: "Pois em um só Espírito, todos nós fomos batizados em um corpo, quer judeus, quer gregos, quer escravos, quer livres. E a todos nós, foi dado beber de um só Espírito". Duas expressões, "fomos batizados" e "a todos nós, foi dado beber"[3], referem-se

---

[3] *ebaptisthemen* e *epotisthemen* - Vocês "foram batizados" e a vocês "foi dado beber". O uso do aoristo enfatiza alguma coisa feita no passado, não algo continuado no presente. É de grande importância que continuemos a beber da vida de Deus diariamente. Mas a

à natureza importante da conversão. Todos igualmente são batizados no corpo e todos igualmente bebem do Espírito Santo. Ele entra no ser mais íntimo da pessoa para trabalhar nos profundos recessos de seu coração e mente. Cada cristão em Corinto foi batizado em água na base de arrependimento e fé (1Co 1.13ss.). A base do batismo daqueles crentes era que haviam sido unidos à Trindade e haviam se tornado participantes da vida do Espírito Santo.

Observe o que o Espírito Santo faz a cada membro do corpo de Cristo. Ele os mergulha (batiza) na morte, sepultamento e ressurreição de Cristo, lavando-os e tornando-os limpos. Ao mesmo tempo, leva-os a beber as águas vivas da vida de Deus e, assim, suas vidas são infundidas e permeadas com aquela vida. Naturalmente, isto envolve experiência espiritual e envolve todas as faculdades, incluindo as emoções, em graus variados. O objetivo total de 1 Coríntios 12.13, e do contexto do qual é parte, é enfatizar a unidade.

A maior causa de divisão que se possa imaginar é negar este ensinamento, dividindo o corpo de Cristo em duas categorias: aqueles sobre os quais é dito terem o Espírito Santo adequadamente, mediante uma determinada experiência, e os que não têm tal experiência.

Com base em 1 Coríntios 12.13, a conclusão inevitável é de que todos os cristãos são unidos em um corpo, sem considerar o grau de sua experiência espiritual, os dons espirituais que possuem, e sem considerar sua função no corpo. Não há graus

---

ênfase aqui é em algo que aconteceu uma vez por todas. O pretérito perfeito teria sido usado se os resultados continuados estivessem em vista. Mas é a absoluta finalidade de nossa união no Deus triúno que está sendo enfatizada. Os verbos estão na voz passiva, lembrando-nos de que isto é algo que já nos aconteceu.

Nenhum batismo do Espírito é ordenado no Novo Testamento

com relação à união com Cristo. Ou se é um com ele ou não se é. O mesmo é verdade quanto à Trindade. Não se pode dividir os três. Ou se é em um, que é unido com o Pai, Filho e Espírito Santo, ou não se é. O mesmo é verdade quanto a beber do Espírito Santo. A todo cristão foi dado beber das águas vivas. Todo cristão é um participante do Espírito Santo. "E se alguém não tem o Espírito de Cristo, esse tal não é dele" (Rm 8.9). Assim sendo, é infrutífero forçar uma cunha entre aqueles cristãos possam haver bebido mais profundamente ou cuja experiência possa parecer mais rica e aqueles que não possam contar sobre experiências de grande gozo. Muitas vezes, os crentes moderados são muito mais confiáveis que os entusiastas.

Já ouvi líderes pentecostais que afirmam claramente que há dois tipos de cristãos: aqueles que experimentaram "o batismo" e aqueles que não o experimentaram. Isto cria exatamente o que esta passagem da Escritura condena, ou seja, a divisão do corpo de nosso Senhor. Não há meio de provar que todos os coríntios, sem exceção, tiveram uma experiência de crise pós--conversão, que possamos chamar de um batismo do Espírito. Se insistirmos que há alguns que são essencialmente diferentes dos outros, porque tiveram uma experiência, dividimos a igreja. E então temos de definir exatamente no que consiste esta experiência e no que não consiste, e o que impede que alguém a alcance. Na maioria dos casos, línguas são consideradas como a prova de que uma pessoa tem a experiência. Isto, por sua vez, leva a uma variedade de persuasões para forçar o falar em línguas e a esforços para manipular os sentimentos com o intuito de alcançar este fim.

Hebreus 5.11-14, fala de crianças e adultos, os fracos e os fortes. Há sempre uma gradação ou escala de variação dos que são recém-nascidos e conhecem muito pouco até aqueles que têm grandes recursos de conhecimento espiritual. Onde se poderia traçar uma linha nesta escala, e como se poderia obter consenso quanto à onde se traçaria esta linha? Mas quando os membros da igreja são divididos em dois campos - aqueles com a experiência especial de batismo e aqueles sem tal experiência - a separação é inevitável.

2 CORÍNTIOS - SOMOS TODOS CHEIOS DO DEUS TRIÚNO

Na primeira carta, Paulo declara que os crentes receberam o Espírito Santo que dá conhecimento (2.12), e através d'Ele temos a mente de Cristo (2.16). Podemos e devemos distinguir a personalidade individual e a obra distinta de cada pessoa da Trindade, mas nunca podemos dividir ou separar uma da outra. Vemos isto em 2 Coríntios 1.21 e 22, onde as três pessoas são distintas, mas unidas em seu trabalho. "Mas aquele que nos confirma convosco em Cristo, e nos ungiu, é Deus, que também nos selou e nos deu o penhor do Espírito em nossos corações." Aqui o trabalho conjunto das três pessoas está muito claro. Cada pessoa é distinta em pessoa, ofício e obra. Mas há tão completa unidade que nunca é possível dizer que um crente tem Cristo, mas não tem o Espírito Santo. Tudo que o Pai é, o Espírito Santo é, e tudo que o Filho é, o Espírito Santo é. De fato, Paulo diz isto quando declara que o Senhor (Cristo) é o Espírito (2Co 3.17). Ser cheio do Espírito é ser cheio de Cristo e ser cheio de Cristo é ser cheio do Espírito. O Espírito adequadamente descreve não uma, mas três pessoas. Ser cheio do Espírito é ser cheio do Deus triúno. Devemos resistir à noção comum nos dias atuais de que o Espírito Santo pode ser isolado como uma

Nenhum batismo do Espírito é ordenado no Novo Testamento

entidade separada. Ele é distinto como uma personalidade, mas nunca pode ser separado ou isolado do Pai e do Filho.

Paulo declara que grandes revelações lhe foram dadas (12.7). Com muita modéstia descreve uma experiência de insuperável maravilha, quando foi levado ao terceiro céu (12.2). Não apenas isto, mas ele possuía os dons que marcavam um apóstolo (12.12 e 1Co 12. 7-12). Falava outras línguas mais que qualquer outro (1Co 14.18). Visto que eram um sinal para os não crentes, (1Co 14.22) eram línguas inteligíveis. Mas com todo este talento, o apóstolo diz que prefere gloriar-se em suas fraquezas (12.5,9). Diz que o ofício de apóstolo envolvia não apenas dons prodigiosos, mas também sofrimentos apavorantes; eram comparados aos homens colocados "em último lugar, como se fôssemos condenados à morte" (1Co 4.8-13).

Referindo-se a todos estes sinais, tanto de poder para operar milagres como paciência para suportar horrível tribulação, não há referência a uma chave-mestra ou a uma experiência de crise. É relatado que Paulo era cheio do Espírito Santo (At 9.17), porém mais tarde, ele não faz referência a um batismo especial do Espírito Santo, mas relata seu batismo com água (At 22.16). Finalmente, conclui esta carta recomendando aos coríntios o autoexame em relação à sua fé e à habitação de Cristo neles (13.5). Se fosse apenas uma questão de falar em línguas como prova da habitação do Espírito Santo de Cristo, porque não se refere a isto?

GÁLATAS - A FRUTIFICAÇÃO É A ÚNICA PROVA DE QUE TEMOS O ESPÍRITO SANTO

Os dois primeiros capítulos desta carta são principalmente dedicados a provar o apostolado de Paulo. Isto é alcançado

O BATISMO DO ESPÍRITO SANTO

mediante a demonstração de que os outros apóstolos o reconheciam como um apóstolo. Isto mostra que o apostolado era singular. Tendo estabelecido sua autoridade, Paulo defende a doutrina da justificação pela fé e lembra seus leitores que o Espírito Santo é recebido pela fé, isto é, através do crer no evangelho. Se o meio normal de receber o Espírito Santo fosse pelo impor das mãos ou pelo falar em línguas ou por pronunciar profecias, o texto seria: "Vocês não receberam o Espírito cumprindo a lei, receberam? Não! Vocês receberam o Espírito pelo impor das mãos e quando falaram em línguas". O apóstolo não diz isto, mas de modo simples afirma que é pela fé que recebemos o Espírito Santo (Gl 3.14).

Mais adiante, chegamos ao que finalmente é o único modo seguro de saber se uma pessoa tem o Espírito Santo e a salvação - pelo fruto do Espírito. Se Judas Iscariotes podia fazer milagres (e não há razão para supor que fosse ele diferente dos outros apóstolos na prática de dons), então podemos estar certos disto: não podemos depender de qualquer dom ou experiência. "Muitos", disse nosso Senhor, "naquele dia, hão de dizer-me: Senhor, Senhor! porventura não temos nós profetizado em teu nome, e em teu nome não expelimos demônios, e em teu nome não fizemos muitos milagres? Então lhes direi explicitamente: Nunca vos conheci. Apartai-vos de mim, os que praticais a iniquidade" (Mt 7.22). A afirmativa acima vem após a insistência de Jesus, no sentido de haver frutos. Uma boa árvore produz bom fruto. "O fruto do Espírito é amor, alegria, paz, longanimidade, benignidade, bondade, fidelidade, mansidão, domínio próprio" (Gl 5.22,23). De nada adianta, se uma árvore disser: "Bem, já tive experiências maravilhosas e gozei chuvas refrescantes e estou linda". A necessidade é de fruto. A única evidência de que temos o genuíno Espírito Santo habitando em nós é o fruto do Espírito Santo.

EFÉSIOS - TODOS OS CRENTES, SEM EXCEÇÃO, SÃO SELADOS

Quais são as bênçãos espirituais dadas pelo Pai a todos aqueles que estão em Cristo? Resposta: Eleição, predestinação, adoção, redenção final (1.3-7). Estas bênçãos vêm pelo ouvir e pela fé. Referindo-se à fé inicial, Paulo diz: "Tendo nele também crido, fostes selados com o Santo Espírito da promessa; o qual é o penhor da nossa herança até ao resgate da sua propriedade, em louvor da sua glória" (1.13, 14).

O penhor é como o resgate de hipotecas, em que o pagamento inicial garante a posse final. Cada crente deve ser "selado para o dia da redenção" (Ef 4.30). Se você não está selado, se você não tem o Espírito Santo, então você não tem parte no dia da redenção.

Tanto em Romanos 8 como em Efésios 1, as bênçãos são abrangentes. Isto quer dizer que nunca se encontra alguns crentes justificados e outros não, alguns adotados e outros não, alguns habitados pelo Espírito e outros não, alguns selados e outros não. Esta característica é o próprio fundamento de unidade para todos os crentes. Todos têm unidade na Trindade e todos compartilham as bênçãos dadas pela Trindade (Ef. 4.4-6).

A confusão começou com a louvável tentativa de valorizar o experimental ou o sentir a realidade das bênçãos cristãs de adoção, de ser selados e de segurança. Eu digo louvável porque devemos sentir a glória destas realidades mais do que sentimos. Nossa fé nunca deve ser um exercício meramente intelectual. Ao enfatizar o lado experimental do ser selado, no entanto, caiu-se numa armadilha. Esta armadilha é separar aqueles que têm um grau mais alto de experiência daqueles que têm um grau mais baixo. Mas as Escrituras não permitem isto e o texto de Efésios 1.13 não o autoriza. Cada crente, individualmente, é selado, se for um cristão verdadeiro. É no ato de crer que o Espírito Santo vem residir em uma alma arrependida. O Espírito Santo sela a pessoa como sua propriedade. As implicações sentidas, emocionais e experimentais, são muitas e variam de pessoa a pessoa.

É importante que os leitores não pensem que estamos brincando com o texto. O uso de um particípio aoristo com um verbo aoristo, para descrever algo que acontece ao mesmo tempo, pode ser visto em Mateus 19.4 e Marcos 1.31. Compararei Efésios 1.13 com estes e, ainda, os leitores poderão ver este uso por si mesmos, em outros lugares.

apokritheis eipen	ele, respondendo, disse
egeiren kratesas	tomando-a pela mão, levantou-a
pisteusantes esphragisthete	crendo, fostes selados[4]

Tendo descrito as bênçãos dos cristãos, e enfatizado em muitos detalhes que são compartilhadas, sem exceção, por todos os crentes, judeus e gentios (2.11 - 3.13), o apóstolo apela a todos para que andem de modo digno deste grande chamado (4.1,2). Os apóstolos valorizam muito este chamado. O ensi-

---

[4] O particípio aoristo com o verbo aoristo poderia ser muito bem traduzido com o uso da palavra "quando". *"Quando nele crestes, fostes selados"* (Ef 1.13). O aoristo denota tempo preciso. O particípio denota tempo em relação ao verbo que qualifica. Há uma ênfase na ação contemporânea.

no pentecostal minimiza o chamado. O que dizem é: "Então você é somente convertido?" É um erro trágico ser depreciador do novo nascimento que é o grande ato do poder de Deus. Paulo chama de regeneração o levantar do crente da morte até regiões celestiais em Cristo Jesus (2.6). Não há maior transposição do que esta! Aqueles que não veem a magnitude do novo nascimento como o ato de Deus, o Pai (Ef 2.10), é que são propensos a pensar em outra coisa para jactar-se ou exultar-se.

As orações, nesta carta, confirmam o ensino da plenitude ou inteireza de Cristo em todos os crentes, sem exceção. É a nossa união que deve ser explorada para o desenvolvimento de todos os nossos recursos. O Espírito Santo que habita em nós é a fonte de toda sabedoria, revelação e iluminação. Sua obra de unir-nos a Cristo é uma obra de poder extraordinariamente grande (1.17-23). O método pelo qual somos fortalecidos em nossas vidas interiores com poder é pela fé (3.17), simbolizada pela armadura de guerra espiritual com a qual nos armamos de fé e verdade (6.12-18). Esta carta leva os leitores aos cumes dos montes do evangelho. É perfumada pelos privilégios e glórias que pertencem a todos os herdeiros de Deus. Ao mesmo tempo, é tão silenciosa como uma parte não habitada do espaço com respeito a qualquer experiência de crise pós-conversão.

FILIPENSES - A TEOLOGIA EXALTADA É A RESPOSTA AOS PROBLEMAS

Bernard Levin, o famoso jornalista, crítico de música e personalidade da TV britânica, escreveu diversos livros, um dos quais é sobre o entusiasmo. Entre aquilo que o entusiasma está, claro, a música, seguida por prazeres menores, tais como comida bem preparada e perambular a pé pelas cidades.

O BATISMO DO ESPÍRITO SANTO

Menciono isto meramente como um lembrete da realidade do entusiasmo. O que entusiasma os crentes? O que entusiasmava os apóstolos? O que o entusiasma?

Em Filipenses, Paulo novamente mostra seu entusiasmo pela teologia - um conhecimento do Deus triúno. Ele faz uma de suas mais elevadas descrições de Cristo quando trata do problema pastoral da presunção e da ambição egoísta. Apela por humildade e, então, emprega a teologia da encarnação para mostrar o que é a verdadeira humildade. Do mais alto céu à mais baixa degradação, nosso Senhor veio para ganhar uma vitória para nós. Agora está exaltado ao mais alto lugar com maior honra do que tinha antes (2.6-11). A maravilha de quem Cristo é e o que alcançou deveria encher-nos de louvor e gratidão.

Quando o escritor trata do assunto de poder, sugere que nossa força é algo constantemente suprido (4.13). Pensa sobre o poder em termos de disposição para compartilhar dos sofrimentos de Cristo, até mesmo através da experiência de uma morte dolorosa (3.10). Não sugere um caminho fácil. Não há referência a um batismo do Espírito. Ao invés disto, Paulo exorta os filipenses a desenvolverem sua salvação com temor e tremor, ao mesmo tempo em que confiam que Deus trabalha neles e completará aquele bom trabalho que iniciou neles (2.12, 13 e 1.6).

COLOSSENSES - TODOS OS CRENTES SÃO COMPLETOS EM CRISTO

Como em todas as outras cartas do Novo Testamento, também aqui em Colossenses nenhuma referência é feita a uma experiência de crise pós-conversão. Tal coisa não é estimulada,

Nenhum batismo do Espírito é ordenado no Novo Testamento

mas a ênfase em toda a carta é: 1. A natureza importante do que aconteceu na conversão; 2. A união com Cristo que foi estabelecida pela fé uma vez por todas; 3. A contínua e constante exigência de disciplina na vida cristã, sem depender de uma experiência especial; 4. Uma dependência sem cessar do ensino como meio de nutrir e sustentar a vida cristã.

Ao saudar os crentes colossenses, Paulo se regozija na sua fé e amor que surgem de sua esperança. Sua oração por eles é que possam ser enchidos com "toda sabedoria e entendimento espiritual", para que possam produzir fruto em toda a boa obra, "crescendo no pleno conhecimento de Deus". Refere-se a uma ação decisiva do Pai que os resgatou do domínio das trevas, cuja ação passada é, agora, em sentido contínuo, a fonte de onde eles são "fortalecidos com todo o poder, segundo a força de sua glória" (1.3-13). Em nenhum lugar há referência a um tempo após a conversão, quando tenham aprendido ou experimentado "o segredo" de como ter este poder. Não! Em vez disto, o apóstolo prossegue e enfatiza a absoluta primazia de viver pela fé. Este é o modo de ser alicerçado e firme (1.23). O instrumento desta estabilidade e crescimento é o ensino (1.28). Todos os tesouros e recursos para o crescimento estão em Cristo (2.3), a quem todos os crentes estão ligados (2.6), e em quem se completam, e estão aperfeiçoados (2.10). Novamente, refere-se à conversão como o tempo do novo nascimento, em que a velha pessoa não-regenerada foi podada, uma vez para sempre (2.11). Agora somos novas criaturas em virtude da união com Cristo (2.12, 2Co 5.17).

Não há referência a uma adicional experiência de crise para completar a obra da nova criação. Tal ensinamento falso somente pode ser sustentado às custas da redução da proe-

O BATISMO DO ESPÍRITO SANTO

minência dada, no Novo Testamento, à conversão, ao novo nascimento, à justificação e à união com Cristo.

Assim, quando Paulo continua a falar aos colossenses, aponta-lhes Cristo, que é o céu deles, agora e para a eternidade (3.1-3). Nesta base, se alguém que diz ter experimentado a segunda bênção lhe perguntar se você já foi batizado pelo Espírito, pode responder, dizendo: "Sim! Já fui batizado com um batismo que não pode ser excedido em plenitude ou poder, porque fui batizado no Pai, no Filho e no Espírito Santo". Não dividimos a Trindade e dizemos que somente recebemos Cristo, ou que somente temos o Pai e, então, mais tarde recebemos o Espírito Santo. Não! Nascemos pelo Espírito, que imediatamente fez habitação em nós. O Espírito Santo não mora na garagem de sua vida, até que se faça lugar para Ele na casa. Não há duas fases, primeiro, a garagem, e mais tarde a casa, que vem com uma experiência de crise pós-conversão. Se Ele mora só na garagem de sua vida, então asseguro-lhe que você não é convertido. Você é uma alma perdida.

Particularmente indicativa é a hostilidade de Paulo a qualquer coisa a que se possa apelar como uma fonte de superioridade. A igreja em Colossos era perturbada por mestres gnósticos que se gabavam sobre seu conhecimento especial a respeito de anjos (2.18). Refutando todas tais noções, Paulo insiste que os crentes têm realmente tudo em Cristo. Quando receberam Cristo Jesus foram ligados a Ele (2.6). Esta entrada, a conversão, começo ou união, é a única base sobre a qual toda a vida cristã está estruturada (2.6,7). Sim, temos, de fato, absolutamente tudo, em Cristo (2.9,10).

A plenitude do crente em união com Cristo é apoiada pelo conceito de uma nova criação. Um cristão jamais pode ser o que foi antes. O homem não regenerado já se foi para sempre. O crente é agora uma nova criação porque foi criado de novo por Deus (3.10, 2Co 5.17, Ef 2.10). Restos de pecado permanecem, mas o crente está sujeito a renovação constante em conhecimento e em conformidade crescente a Cristo (2Co 3.18, Rm 12.1,2). Quaisquer experiências espirituais que possam nos advir, ou qualquer que seja, nossa presente falha ou fraqueza, o fato é que todo o crente tem completa união com Cristo. Qualquer falta que haja pode ser suprida pelo Cabeça da igreja. Em Colossenses, Paulo assegura que não há lugar para supersantidade ou para uma categoria mais alta de santidade de qualquer espécie.

1 E 2 TESSALONICENSES - TODOS OS CRENTES SÃO DIRECIONADOS À SUA CONVERSÃO

Copiosa é a referência de Paulo à ocasião quando os tessalonicenses receberam o evangelho (1Ts 1.4-10, 2.13). Como uma consequência desta fé, todos eles aguardavam a consumação da segunda vinda, uma verdade mencionada em cada capítulo das duas cartas. Nesta segunda vinda, a fé verdadeira será vindicada. Ao descrever a conversão dos tessalonicenses, são mencionadas características que nos fazem vibrar. Exatamente da mesma forma, somos enchidos de alegria toda vez que há conversões. Nenhuma insinuação é dada de que estes crentes fossem sujeitos a uma obra de duas fases, uma primeira e uma segunda bênção. As descrições abrangem apenas os assuntos relacionados à sua mudança dos ídolos para Deus (1Ts 1.9).

Consistente com a teologia de salvação contida no Novo Testamento, Paulo reúne a santificação do Espírito com a eleição e a chamada do Pai. Exorta os crentes a permanecerem firmes a estes ensinamentos (2Ts 2.13-15). Se um batismo do Espírito pós-conversão é imperativo para o viver santo, para segurança e poder, porque nenhuma referência se faz a ele?

AS EPÍSTOLAS PASTORAIS A TIMÓTEO E TITO - PAULO ORDENA MUITO TRABALHO E ATÉ RECOMENDA UM POUCO DE VINHO, PARA FINS MEDICINAIS.

Estas cartas são especialmente importantes porque fornecem muitas instruções práticas sobre como as igrejas devem ser governadas, como os líderes devem conduzir o culto e como devem suprir o rebanho. Faz-se uma referência a um dom espiritual possuído por Timóteo (4.14), mas nenhuma sugestão é dada sobre um batismo de poder que, se fosse crido como imperativo, seria certamente mencionado aos líderes na igreja. Na segunda carta, Timóteo é exortado a guardar o evangelho (l.14-15), preservá-lo (2.2), continuar nele (3.14) e pregá-lo (4.2). Paulo tem muito a dizer sobre doutrina (ensino), falando disto 15 vezes nestas três cartas. O ensino é inútil, se não for proclamado poderosamente ao coração, mas nenhuma chave ou segredo misterioso para se conseguir este poder é mencionado nestas cartas.

Como em toda sua outra correspondência, Paulo insiste que o fundamento sobre o qual construímos é o nosso chamado (2Tm 1.8). Ele associa o derramamento do Espírito com a salvação, o lavar efetuado pelo novo nascimento, a criação em Cristo e a justificação pela fé (Tt 3.4). Devemos nos gloriar na graça soberana de Deus e em sua enorme bondade em nos fazer herdeiros de vida eterna (Tt 3.5-7).

Quando analisamos essas cartas pastorais que dão instruções a ministros até o fim dos tempos, vemos que se ordena muito trabalho (1Tm 5.18) e a necessidade de corretamente manejar a Palavra da verdade (2Tm 2.15). Paulo até lembra de aconselhar a Timóteo que tome um pouco de vinho por razões medicinais (1Tm 5.23), mas nada fala sobre a necessidade de uma singular e padronizada experiência de capacitação com poder ou um batismo do Espírito.

HEBREUS - VIVER PELA VERDADE DE CRISTO É NOSSO PODER

Hebreus 10.38 é um texto-chave que aponta à principal mensagem desta carta. Diz: "O meu justo viverá pela fé, e: Se retroceder, nele não se compraz a minha alma". Apavorantes eram as pressões sobre os crentes hebreus para se afastarem de Cristo. Para fortalecer a fé dos hebreus, a pessoa e o trabalho de Cristo são retratados como superiores aos ritos abolidos, aos quais eram tentados a retornar. Cristo é apresentado como superior aos profetas (1.1-3), aos anjos (1.4 a 2.18), a Moisés (3.1 a 4.13), a Arão (4.14 a 10.18), e superior como o "novo e vivo caminho" (10.19 a 12.29).

O capítulo onze, especialmente, exalta a importância da fé, sem qualquer auxílio além das promessas. O melhor tipo de fé é atribuído aos que creram, quando sua experiência parecia somente dolorosa, estando desamparados, sendo perseguidos e maltratados. Embora não mencionado, Jó está nesta categoria. A fé exercida por Jó foi exemplar, quando disse: "Ainda que me mate, nele confiarei".

A prioridade da fé praticada nas dificuldades nos recorda que o cristianismo é uma mistura de fraqueza e poder, disciplina e alegria. A disciplina é essencial para cada filho de Deus e não é agradável, mas dolorosa (12.11). As Escrituras sempre direcionam os sofredores à sua esperança, em vez de dependerem de seus sentimentos ou experiências (2Co 5.1-4, Hb 12.2,28). A fé praticada na esperança posta à nossa frente trará alegria em nossos sentimentos, mas isto é um subproduto alegre e útil, não o ponto principal, que é sermos conformados a Cristo (Rm 12.1,2). Em tudo isto, notamos que simplesmente não há referência em Hebreus, ao batismo do Espírito.

TIAGO - NENHUMA EXPERIÊNCIA DE PODER PARA ESCAPAR DA AFLIÇÃO

Nossa natureza humana não recebe a provação com agrado e, portanto, Tiago acha necessário exortar seus leitores a regozijarem-se, quando em meio a provações. Ordena perseverança na provação (1.12). As Escrituras têm muito a dizer sobre as aflições. Deste modo, nosso desejo de estar com Cristo é intensificado (2Co 5.2), nossas graças aperfeiçoadas (Tg 1.4, Jo 15.1-6), e nosso conhecimento e apreciação pelas Escrituras é aumentado. Com relação a este último aspecto, não é verdade que é através da experiência de muitas provações que entramos num conhecimento experimental dos Salmos? É por provações e aflições que aprendemos humildade. Jó foi eminente em santidade, mas expressou a humildade no pó e nas cinzas, devido a suas desesperadas tribulações (Jó 42). Na muito ampla esfera da aflição, nunca lemos de uma fórmula simples ou experiência de poder que nos eleva acima das provações ou nos imuniza das dores que as acompanham. Inumeráveis são nossos recursos e confortos espirituais nas provações, mas nenhuma única experiência pós-conversão (nenhum batismo do Espírito) é defendida para elevar-nos acima da tensão dos conflitos diários, ou garantir sermos tirados para fora do cadinho do sofrimento. Que alguns possam ser curados fisicamente é certo (5.14, 15), mas a doença do corpo é apenas um aspecto da aflição.

1 E 2 PEDRO - O QUE IREMOS ACRESCENTAR À NOSSA FÉ?

As cartas de Pedro começam com os fundamentos da eleição, obediência a Cristo e a obra progressiva de santificação pelo Espírito Santo. Terminam com uma exortação para crescer na graça e conhecimento de nosso Senhor Jesus Cristo. Pedro exalta, em especial, a grande misericórdia do novo nascimento que o Pai nos deu. Tudo isto constitui nossa criação em Cristo Jesus; o chamado, o novo nascimento, a fé, o arrependimento, a união com Cristo, a adoção e a santificação que, juntos com aquela perseverança para com nossa imperecível herança, enchem os horizontes de Pedro.

Nenhuma insinuação existe, nestas cartas, para apoiar uma teologia de crise pós-conversão. As bênçãos do Deus triúno são poderosamente enaltecidas (1.2-12). O evangelho é a grande e única bênção que em si abarca todas as bênçãos (1.12). Não há uma segunda bênção. De fato, Pedro é enfático que em Cristo temos tudo. "Todas as coisas que conduzem à vida e à piedade" nos foram dadas. Tudo que necessitamos está contido em nosso conhecimento de Deus (2Pe 1.3). Sim, devemos construir sobre os fundamentos da fé que nos foi dada (2Pe 1.1,4). O que iremos acrescentar é especificado: virtude, conhecimento, domínio próprio, perseverança, piedade, fraternidade, amor (2Pe 1.5-7). Certamente Pedro teria tido a visão profética para ver que durante dois milênios a maioria dos cristãos e quase todo líder cristão desconheceriam uma vital segunda experiência, que trasladaria os que a recebessem a uma mais alta estratosfera de poder, viver santificado e segurança. Se existisse um lugar para, pelo menos, mencionar esta experiência que, conforme somos informados, é essencial, seria nesta carta. Aqui, de fato, ele está prometendo produtividade e instando que é este o modo confiável de confirmar nosso chamado e eleição (2Pe 1.8-11). E inconcebível que ele omitiria algo de tão grande importância como aquela experiência chamada "o batismo do Espírito". Certamente ele diria: "Façam todos os esforços para adicionar à sua fé o fortalecimento do batismo do Espírito Santo, e então estarão numa posição para efetivamente acrescentar boas obras, conhecimento, domínio próprio, perseverança e assim por diante".

1 JOÃO - AS EVIDÊNCIAS DE QUE NASCEMOS DE NOVO

Esta carta é a única no testemunho apostólico que trata especificamente, de modo detalhado, do assunto da certeza da salvação. João afirma claramente ser este o seu propósito (5.13). Nada afeta o povo de Deus mais que este tópico da certeza. Como podemos estar seguros? Não é suficiente apelar para a experiência apenas. Não é suficiente dizer que tenho o testemunho íntimo do Espírito e que isto é tudo o que preciso (Gl 4.4-6, Rm 8.15,16). De fato, João fala deste testemunho direto. "Conhecemos que ele permanece em nós, pelo Espírito que nos deu" (3.24: veja também 4.13). Ele continua, no entanto, para insistir que devemos possuir as marcas do novo nascimento. O que são estas marcas, provas ou evidências de novo nascimento? Obediência à vontade ou lei de Deus é uma. João insiste nisto (2.29). A razão é que mestres gnósticos asseguravam ter uma vida espiritual mais elevada mas não tinham a marca de nascença da santidade. Viviam em pecado moral. Eram filhos do diabo (3.10). Outra evidência essencial de novo nascimento é o amor para com os outros que nascem na família de Deus (3.11, especialmente 14, e 5.1).

Ainda outra marca de novo nascimento é que os olhos foram ungidos ou abertos para ver que Cristo é divino (2.26,27, 4.2,3 e 5.1). Vemos, então, que o testemunho direto do Espírito Santo é aumentado, confirmado, apoiado e fortalecido pela referência às marcas de nascença da fé em Cristo como Deus, amor para com a família espiritual e obediência às ordens do Pai (5.1-6). Não há um vestígio de ensino de crise - nenhuma palavra para sugerir que devemos procurar uma experiência especial pós-conversão, ou uma experiência de batismo do Espírito, para fortalecer nossa segurança.

CONCLUSÃO

I. *Devemos construir sobre a boa obra iniciada em nós*

Nossa confiança deveria ser a mesma do apóstolo Paulo, que, escrevendo aos filipenses, disse que estava confiante disto: "Aquele que começou boa obra em vós há de completá-la até ao dia de Cristo Jesus" (Fp 1.6).

O BATISMO DO ESPÍRITO SANTO

A boa obra em nós começa com uma nova natureza. A substância do novo pacto é expressa em Hebreus 8.8-12: "Nas suas mentes imprimirei as minhas leis, também sobre os seus corações as inscreverei". Este é o fundamento sobre o qual todo o ensino é baseado, nas cartas que acabamos de examinar. Há um só fundamento e fonte de todo o crescimento espiritual e este é o Espírito Santo habitando em nós, desde o dia de nossa conversão. Jonathan Edwards afirma isto tão bem que é difícil melhorá-lo.

Não há uma conversão da alma à fé, e outra conversão ao amor a Deus; outra, à humildade; outra, ao arrependimento e, ainda outra, ao amor ao homem; mas todas são produzidas por uma e a mesma obra do Espírito, e são o resultado de uma e a mesma conversão, ou mudança de coração. E isto prova que todas as graças são unidas e juntamente ligadas, e contidas naquela única e mesma nova natureza que é dada a nós na regeneração. Está aqui, tal como está na primeira geração - a do corpo, em que as diversas faculdades são comunicadas em uma e a mesma geração; os sentidos de visão, audição, tato, gosto e olfato, e assim os poderes de mover-se, respirar etc., todos sendo dados ao mesmo tempo, e todos sendo apenas uma natureza humana, e uma vida humana, embora diversificada em seus modos e formas[5].

2. Devemos evitar todas as formas de "galacianismo"

Qualquer coisa que nos apresenta uma rota ou caminho pelo qual podemos atingir um plano mais alto ou melhor

---
5 Jonathan Edwards, *The Religious Affections*, p. 276.

apela aos profundos instintos dentro de nós. Qualquer cristão sincero ou zeloso anseia pelo melhor e mais alto. Somos todos, portanto, vulneráveis, quando apelam a nós na base de que poderíamos fazer melhor, se apenas possuíssemos a chave ou segredo para alcançar este plano mais elevado.

Ao longo desta dispensação as igrejas têm sido perturbadas com divisões, quando falsos mestres têm explorado o artifício de afirmar alguma coisa que produzirá superioridade. Este apelo pode ser forte. Afinal, quem, no gozo de suas faculdades mentais, vai viajar de segunda ou terceira classe quando pode ir livre e confortavelmente no carro de primeira classe? Os gnósticos, com seu ensino que sugeria saber (gnosis - conhecimento) algo melhor, podiam oferecer algo superior.

Os gnósticos eram esotéricos, isto é, consideravam-se como especialmente iniciados para compreender a verdade. João advertiu contra eles (1Jo 4.3). Os judaizantes fizeram acréscimos ao evangelho e daí trouxeram sobre si mesmos o anátema de Paulo (Gl 1.8). Todos os gnósticos faziam acréscimos ao evangelho num modo sutil ao se gabarem de uma experiência mais alta e, consequentemente, terem um conhecimento superior. Fazendo isto, granjearam a censura de João.

Procurei mostrar, nesta pesquisa, que não há qualquer estrada fácil, nenhum estado mais elevado que possa ser atingido por uma experiência chamada batismo do Espírito. Ao tratar a questão do pecado na vida do crente, Paulo declara que fomos todos batizados na morte de Cristo e levantados com Ele para novidade de vida (Rm 6.3,4) - **TODOS** nós, não alguns de nós! A ideia de que possuindo "apenas a conversão" ficamos inadequadamente equipados para o viver santificado não se encontra no Novo Testamento.

O BATISMO DO ESPÍRITO SANTO

Aparentemente, é devido a uma inadequada compreensão da natureza colossal da primeira obra da graça de Deus (Ef 2.1-10) que alguns mestres postulam uma segunda obra da graça. Certamente, é devido a uma visão radicalmente defeituosa do novo nascimento que há a tendência de desejar algo adicional, depois do novo nascimento e união com Cristo. A fácil credulidade que tem prevalecido por tanto tempo no evangelismo proporcionou uma situação em que muitos pensam da conversão como uma coisa fácil e relativamente pequena. São, portanto, atraídos pela ideia de uma grande experiência que promete levá-los, por meio de um salto, para um estado mais elevado de vida vitoriosa. Em contraste, as Escrituras, em muitos textos, retratam o novo nascimento como um majestoso ato de Deus. Tão grande é esta regeneração que Cristo a descreve como uma abertura dos olhos, uma translação das trevas para a luz, uma mudança do poder do diabo para o reino de Deus, uma salvação do fogo eterno para o céu de êxtase eterno (At 26.18, Mc 9.42-48).

O ensinamento que diz que apenas a união com Cristo é inadequada é exatamente o oposto do ensino da Reforma, o qual proclama que somos completos em Cristo. Esta plenitude é atingida pela fé somente. Esta fé é assentada na verdade da Escritura somente, e esta fé recebe salvação unicamente pela graça.

A adição de uma nova lei, dizendo que você somente é completo quando tiver uma experiência pós-conversão é uma nova forma de legalismo ou galacianismo. É adicionar à justificação pela fé somente. Não é negar a justificação como fundamento, mas apesar disto, é acrescentar a ela, dizendo que a justificação é realmente incompleta até que haja uma dimensão adicional de poder.

Com relação ao ensino de que o batismo do Espírito deve ser buscado para ganhar uma segurança plena, já mostrei, em 1 João, que o apóstolo não ensina isto. Ao contrário, encoraja seus leitores a fortalecerem sua segurança, relacionando suas marcas de nascença à sua posse do Espírito Santo. Seu objetivo é certificar-nos de que temos Cristo. Ter Cristo é ter vida, e não há vida que seja melhor que a vida de Cristo (1Jo 5.11, 12, Jo 10.10).

Nenhum batismo do Espírito é ordenado no Novo Testamento.

Com relação ao ensino de que o batismo do Espírito deve ser buscado para ganhar uma segurança plena, é interessante em 1João que o apóstolo não ensina isto. Ao contrário, ele ensina seus leitores a estabelecerem sua segurança, relacionando suas marcas de nascimento à posse do Espírito Santo. Se eu devo perceber a certeza de que tenho Cristo. Ter Cristo é ter vida, e não há vida que seja melhor que a vida de Cristo (1Jo 5.11-12; Jo 10.10).

CAPÍTULO 3

AS QUATRO GRANDES OCASIÕES
EM JERUSALÉM, EM SAMARIA, EM CESAREIA E EM ÉFESO

Todos os pentecostais baseiam seu batismo do Espírito nas quatro ocasiões listadas acima, encontradas em Atos 2, 8, 10 e 19. É possível ter-se a mente tão condicionada sobre estas quatro passagens que seja quase impossível vê-las de qualquer outro modo, além do molde em que os pentecostais as colocaram, isto é, experimenta-se a conversão, depois obtém-se o batismo pelo Espírito e isto produz um cristão normal. Se alguém não for batizado pelo Espírito, então não é um cristão normal; ele é subnormal. Portanto, deve-se procurar "o batismo do Espírito", através de prolongadas reuniões de busca ou da imposição de mãos. Anos atrás, em minha própria experiência, entrei no ensino e na prática pentecostais. Percorri todos os tipos de experiências do pentecostalismo, incluindo línguas. Mais adiante trato do aspecto técnico das sensações físicas, as quais estão associadas com o que a maioria dos pentecostais facilmente aceita como o produto genuíno. Aqui, é suficiente dizer que ainda tenho a maior dificuldade em sair do sulco de meu antigo e enraizado enfoque a respeito destas quatro passagens. Em lugar de me colocar na posição de um crente judeu do primeiro século, vejo-me contemplando-as como um pentecostal condicionado do século 20.

O BATISMO DO ESPÍRITO SANTO

A questão é: como os judeus viam estes eventos? Para eles estas eram ocasiões que provavam somente um ponto, e este era a inclusão dos gentios. Jamais encontramos tal experiência sendo defendida ou ensinada, e muito menos vemos qualquer tentativa para induzi-la. Nunca, jamais, encontramos a própria experiência sendo descrita ou glorificada depois do evento. Certamente, não podemos descobrir uma instância sequer em que a posse do Espírito Santo seja pregada como experiência. Após cada derramamento, Cristo é central; Cristo é proclamado e o evangelho corajosamente pregado. Além disto, não podemos encontrar um único caso de uma pessoa sendo omitida nos quatro extraordinários derramamentos. Não há instância descrita de um pobre desfavorecido que não recebeu a experiência. Quão diferente das cenas modernas, onde esforços prolongados são feitos por aqueles que ainda não tiveram "a bênção". Reuniões de busca e provisões notáveis de todos os tipos são feitas, para se obter "o batismo" ou para alcançar uma experiência que possa ser igualada ao "batismo".

Observe também que condições nunca são prescritas em qualquer das quatro ocasiões que iremos percorrer em detalhe. Pentecostais de renome sempre se concentram em preparação e condicionamento. As preparações podem ser bem elaboradas. Há condições a serem satisfeitas, tais como expectativa sincera, obediência, intenso desejo, purificação pela fé, oração, separação do pecado, reparação e restituição, fé jubilosa, arrependimento, orações unidas da igreja, atitude correta, e assim por diante. Pearlman recomendava seis condições; Skibstedt, sete; Conn, seis; Baur, cinco; Riggs, quatro; e Gee, três[6].

Em Pentecostes nada se exigiu dos discípulos, além de que permanecessem, o que simplesmente quer dizer, aguardar. Ne-

---
6 Bruner, p. 92

As quatro grandes ocasiões: em Jerusalém, em Samaria, em Cesareia e em Éfeso

nhum esforço foi exigido. Nas outras três ocasiões relatadas, não se mencionam quaisquer condições, nem que preparações foram feitas. Particularmente no caso dos samaritanos, Pedro se surpreendeu pela completa imprevisibilidade do que aconteceu. Como em Pentecostes, nem ele nem qualquer outra pessoa presente teve quaisquer ligações com a hora ou natureza do fenômeno. A experiência foi uma dádiva.

Sugiro que o modo correto de ver estes quatro relatos é olhá-los como um gênero (uma classe, tipo ou grupo) que são interligados, como uma progressão de eventos, do começo ao fim. Têm seu nascimento nas palavras do Cabeça da igreja: "Mas recebereis poder, ao descer sobre vós o Espírito Santo, e sereis minhas testemunhas tanto em Jerusalém, como em toda a Judéia e Samaria e até os confins da terra" (At 1.8). Aquelas foram as últimas palavras registradas, de nosso Senhor, na terra. Então Ele ascendeu, e sendo exaltado à direita do Pai, mandou o Espírito Santo para encher e possuir a igreja. Começando em Jerusalém, Jesus, o Cabeça da igreja, começou a construir e a estabelecer uma nova humanidade.

Se usarmos o movimento de um compasso como analogia, Atos 1.8 é o ponto central, e o círculo completo é descrito em duas principais passagens do Novo Testamento: Efésios 2.11 a 4.6 e 1 Coríntios 12.13-27.

Efésios 2.11 a 4.6 relata a unidade de todos os crentes, tanto judeus quanto gentios, o modo como as barreiras foram derrubadas, como os gentios são herdeiros junto com Israel, e como todos os crentes, sem exceção, são um em um Espírito Santo, tendo o mesmo Senhor, o mesmo Pai, a mesma fé (crendo no mesmo evangelho), com o mesmo batismo (espiritual, a fim de que o crente seja admitido no corpo, o que é simbolizado pelo batismo físico, com água). Todos os crentes são trazidos a esta grande unidade. A questão de passado ou raça é removida. Samaritanos, romanos, bárbaros e gentios de países distantes, tais como os efésios, na Ásia Menor, são incluídos.

A passagem de 1 Coríntios 12 é importante porque o versículo 13 é o único, fora dos evangelhos e Atos 1.5 e 11.16, onde o batismo do Espírito Santo é explicitamente mencionado (é implícito em Romanos 6.1-4 e Efésios 4.5). Aprendemos daquele versículo que todo crente é batizado pelo Espírito para poder ser admitido no corpo de Cristo e que cada um se tornou participante da vida no Espírito. O objetivo ou propósito da passagem de 1 Coríntios 12.13-27 é enfatizar a unidade. Declara que, sem consideração da diversidade dos membros, estes individualmente podem ter dons tão diferentes em função como os órgãos do corpo humano, mas ainda todos os membros formam essencialmente um corpo.

Quando enfocamos os três extraordinários "eventos grupais" em Samaria (At 8), em Cesaréia (At 10) e em Éfeso (At 19), após o Pentecostes, observamos que a mensagem de inclusão está sendo enfatizada. No grande evento histórico de Pentecostes, o poder é maravilhosamente apresentado, mas é um poder que produz uma igreja unida. Pessoas de todas as línguas, foram unidas, como crentes, em uma fé.

Quase todas as Escrituras têm seus *Zoei* (lugares de referência) essenciais. Voltando agora às passagens mencionadas acima, em Atos, não olharemos os eventos como incidentes isolados, mas, diversamente, como uma sequência de eventos que têm seus *Zoei* nas explicações fornecidas por Paulo, em Efésios 2.11 a 4.16 e 1 Coríntios 12.13-27.

Será útil procurar reunir os dados de tal modo que possamos visualmente assimilá-los.

As quatro grandes ocasiões: em Jerusalém, em Samaria, em Cesareia e em Éfeso

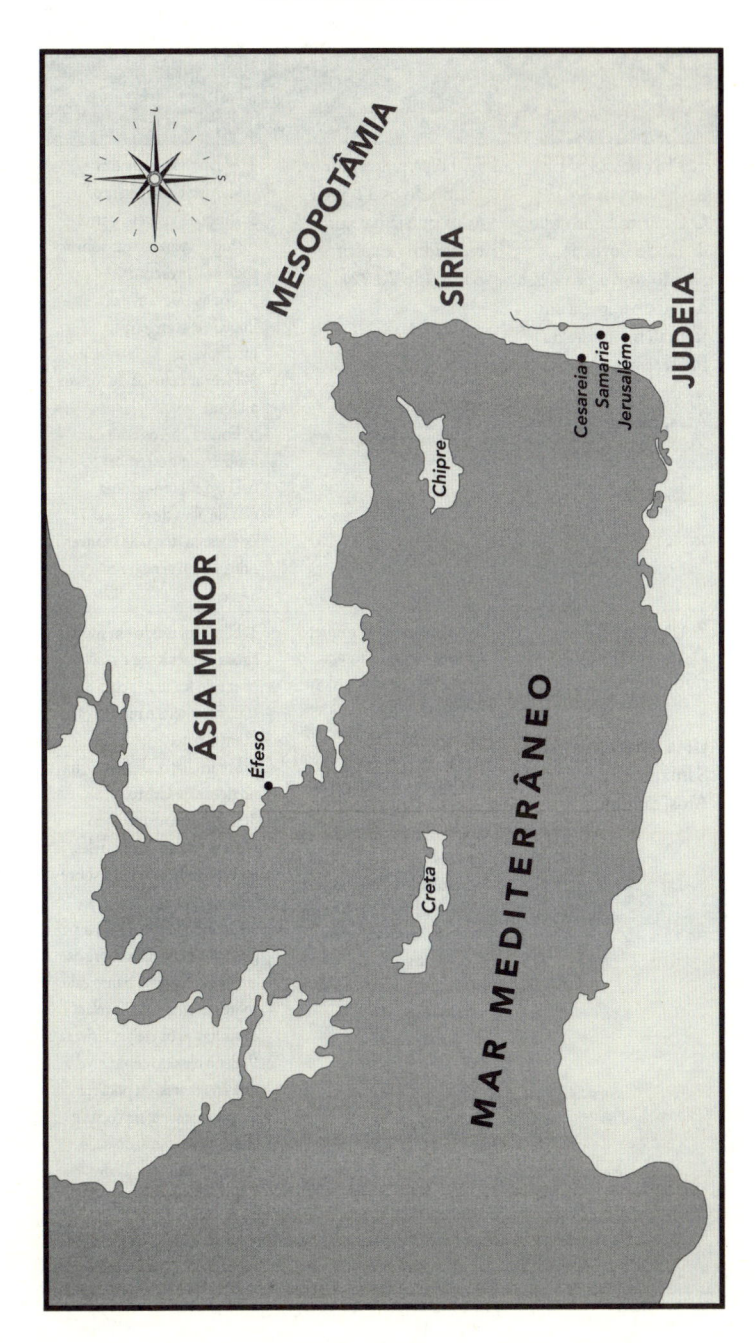

O BATISMO DO ESPÍRITO SANTO

Evento e Local	Pessoas envolvidas	Características Marcantes
1. PENTECOSTES O Espírito Santo veio de modo novo, de acordo com a promessa de Cristo à igreja em Jerusalém, no dia de Pentecostes. Atos, capítulo 2	120 discípulos judeus, incluindo os 11 após-tolos que já haviam recebido o Espírito Santo (Jo 20.22).	1. Havia o som de um poderoso e forte vento. 2. Línguas visíveis, como de fogo, apareceram sobre todos os presentes. 3. Todos falavam em línguas estrangeiras, inteligíveis. 4. Ficaram cheios de louvor a Deus. 5. Foram cheios com um espírito de destemor. 6. Logo, seguiu-se uma grande obra de conversão e no mesmo dia 3.000 conver-tidos foram acrescentados à igreja.
2. UM DERRA-MAMENTO DO ESPÍRITO SANTO **Uma cidade em Samaria** Atos, capítulo 8	Um considerável número de samaritanos abraçou o evangelho. Como judeus mestiços, os samaritanos eram totalmente inaceitá-veis para os judeus, que não toleravam negociações com eles (Jo 4.9). Os samarita-nos foram batizados como crentes (At 8.12). Quando os apóstolos Pedro e João vieram e lhes impuseram as mãos, estes crentes receberam o Espírito Santo mediante uma prova visível e demonstrável.	1. Filipe foi usado em muitos sinais miraculosos e sua pregação foi usada para trazer homens e mulheres à fé em Cristo. 2. Foram batizados em água no nome de Cristo. 3. O Espírito Santo não viera sobre qualquer deles, isto é, não havia caído sobre (epipeptokos) eles. 4. Quando Pedro e João im-puseram suas mãos sobre os crentes, o Espírito Santo caiu sobre eles, mas não se relata quais foram os efeitos visíveis. Poderia ter sido como no dia de Pentecostes, ou poderia ter sido somente profecias e línguas. Foi chamado de "o dom de Deus", por Pedro. Simão, o mago, que havia sido batizado, pôde ver a extensão do que aconteceu (At 8.14-23).

As quatro grandes ocasiões: em Jerusalém, em Samaria, em Cesareia e em Éfeso

3. UM DERRAMAMENTO DO ESPÍRITO SANTO **Cesareia** Cornélio, um centurião romano, e os de sua casa são convertidos. Simultaneamente, o Espírito Santo caiu sobre eles. Atos 10.23-48	Cornélio, um gentio, convidou à sua casa os seus parentes e amigos chegados. Não sabemos o tamanho de sua casa, mas o texto diz que Pedro entrou e achou um grande número de gentios (At 10.27 e 15.7).	1. Pedro precisou de uma visão sobrenatural, repetida três vezes, antes que se dispusesse a entrar em uma casa de gentios (At 10.9-16). 2. Cornélio foi visitado por um anjo que lhe deu instruções sobre Pedro e onde encontrá-lo, no seu endereço em Jope. 3. Inesperada e surpreendentemente o Espírito Santo caiu (epepesen) sobre "todos os que ouviram a mensagem". 4. A prova visível disto foi que falavam em outras línguas e profetizavam.
4. CONVERSÃO E UNIÃO COM CRISTO, RATIFICADAS **Éfeso** Um grupo de 12 homens são batizados e, depois, recebem o Espírito Santo pela imposição das mãos por Paulo. Atos 19.1-7	Este grupo era de discípulos de João Batista, que não haviam sequer ouvido sobre o Espírito Santo e que necessitavam, após ouvirem o evangelho, de serem imergidos uma segunda vez; desta vez não pelo batismo de João, mas pelo batismo cristão.	1. Falar em outras línguas e profetizar foi o sinal dado àqueles homens de que haviam, de fato, recebido o Espírito Santo.

Estimulo os leitores a conferirem os fatos registrados acima. Procurei não esconder, restringir, omitir ou torcer qualquer informação. Não estou, nem um pouco, perturbado pelo sobrenaturalismo envolvido e chamei atenção para cada aspecto miraculoso.

Observando os detalhes registrados, é importante distinguir o que é normativo e o que é extraordinário. Mais tarde,

O BATISMO DO ESPÍRITO SANTO

em uma reunião de oração, mencionada em Atos 4. 31, o prédio onde os discípulos estavam reunidos foi estremecido. Foi um estremecimento que assegurou a todos que Deus estava com eles. Qualquer pessoa que crê na Bíblia sabe que virá brevemente o tempo quando Deus fará estremecer, não um prédio ou dois, mas o universo inteiro (2Pe 3). Embora todos nós verdadeiramente creiamos na habilidade ou poder de Deus para estremecer prédios, não passamos a estabelecer como normativa uma doutrina de que não seremos enchidos do Espírito Santo, se o prédio não for estremecido. Nem sonharíamos em aceitar como normal ver pessoas sendo lançadas ao chão e cegas com escamas sobre seus olhos, por três dias, como foi o caso do apóstolo Paulo.

À medida em que você examina as informações, relacionando as características marcantes em Pentecostes, verá que a maior parte delas foi extraordinária e excepcional. Ninguém tem o direito a uma escolha arbitrária, nem pode dizer que vai insistir em ter, literalmente, línguas de fogo sobre as cabeças de seus convertidos. Há alguns ministros que realmente insistem em um batismo do Espírito. Mas onde traçar o limite? Se não há vento e nenhum fogo, o batismo é real? O procedimento usual é insistir em línguas. Se não vierem, todos os tipos de induções são empregados para tentar e obter o resultado exigido. A razão porque inseri a palavra grega traduzida como "cair sobre" foi para enfatizar a soberania da ação do Espírito Santo. Não há uma única referência no Novo Testamento que leve a imaginar qualquer tipo de persuasão. Alguns se referem à imposição de mãos relatada nas descrições 2 e 4, isto é, em Samaria e em Éfeso. Por nenhum exagero de imaginação pode isto ser tomado como um esforço para induzir alguma coisa,

*As quatro grandes ocasiões: em Jerusalém, em Samaria,
em Cesareia e em Éfeso*

ou instrução, ou ensino para se obter um resultado desejado. Não houve esforço envolvido; pois, em Pentecostes, os discípulos estavam assentados. Estavam relaxados. Não estavam tentando produzir algo. O som, como de um vento, veio subitamente, pela vontade de Deus.

O som, como de um vento, as línguas, como de fogo, a habilidade de falar em muitas línguas diferentes - tudo isto era extraordinário. Então, a que podemos nos referir como não extraordinário? O fruto relevante de uma genuína visitação do Espírito Santo é pregação poderosa da Palavra de Deus, convicção de pecado, arrependimento, fé, disposição e desejo dos convertidos para serem batizados, grande unidade na igreja, desejo por instrução na doutrina, reuniões de oração, celebração da ceia do Senhor (At 2), segurança, gozo e poder para testemunhar o evangelho (1Ts 1.6) e, algumas vezes, profundo temor de Deus, (At 5.11) combinado com crescimento da igreja (At 9.31). Estas características têm ocorrido muitas vezes na História da Igreja. Mesmo nos mais poderosos reavivamentos que conhecemos, os líderes não procuraram estabelecer os sinais miraculosos como normativos, nem procuraram reconstruir o apostolado de Jerusalém. O movimento Irvingite, no século passado, de fato procurou ter apóstolos, mas aquele movimento findou num estado de excentricidade e heterodoxia doutrinária. Certamente não foi um reavivamento. Algumas vezes, tentativas têm sido feitas para restaurar a ideia de vida em comum, vendendo propriedades e tendo todas as coisas em comum. Isto, no entanto, não é normativo pela simples razão que há expressas ordens na Escritura para dizer-nos o que é normal.

Todos recebem ordem de crerem, arrependerem-se e serem batizados na Igreja de Cristo e serem membros res-

O BATISMO DO ESPÍRITO SANTO

ponsáveis de uma igreja (At 2.42, Ef 4.1-16, Hb 10.25, 13.17, 1Co 12.12-26, Rm 12.4-5). A estas ordens nada devemos acrescentar. Eventos extraordinários são relatados como atos soberanos de Deus e é proveitoso observarmos o princípio muito simples de que jamais devemos ordenar o que Deus não ordena, ou tornar normativo o que Ele não declara especificamente como norma. Não devemos acrescentar ordenanças às duas prescritas, como fizeram os católicos romanos. Embora o ter todas as coisas em comum seja relatado em Atos 2, isto não é ordenado ou especificado como um dever. Se há alguns que sentem que estão vivendo tão próximo das fronteiras do amor celestial que voluntariamente concordam em vender suas propriedades e bens e viver comunalmente, são livres para fazê-lo. Mas ninguém deveria jamais ser pressionado a isto. Um grupo, em Sussex, tentou este procedimento; resultou em um escândalo relatado na imprensa, quando um dos membros do grupo se queixou de que havia sido defraudado pelos outros.

Com relação a ser específico sobre o extraordinário, podemos nos referir ao texto de Marcos 16.9-20, que não é incluído nos mais antigos e confiáveis manuscritos. Esta afirmativa se refere a alguns sinais especiais. Um deles, relativo a imunidade à picada de cobra, foi cumprido na experiência de Paulo (At 28.1-6). Não concluímos por isto que podemos ser descuidados com relação às cobras.

Novamente, sobre o extraordinário, há frequentes referências a anjos e visões especiais nos primeiros capítulos de Atos. Não nos opomos a anjos ou visões. Creio de todo o coração em anjos e em mais de uma ocasião atribuo minha sobrevivência a seu ministério (Hb 1.14). Não sou contra visões ou sonhos

*As quatro grandes ocasiões: em Jerusalém, em Samaria,
em Cesareia e em Éfeso*

premonitórios e já os vivenciei, sendo cumpridos exatamente como me foram dados. Estas são experiências excepcionais, as quais não temos de encorajar outros a terem. Novamente, não há ordem para buscá-las. Muitos pastores estão justificadamente preocupados com personalidades que, por natureza, apreciam drama e sensação, e que, por constituição, têm um apetite por sonhos e visões. Com facilidade excessiva, os cristãos podem trocar o viver alicerçado na disciplina da Escritura por um modelo de vida que é governado por sentimentos, emoções, experiências, animações, entretenimentos musicais e direcionamentos especiais. Frequentemente, aqueles que podem contar de livramentos ou experiências notáveis, evitam fazê-lo porque não querem alimentar desejos doentios. Aparições de anjos e visões premonitórias não são normas. Deus usa anjos em circunstâncias fora do comum e envia livramentos notáveis através deles, em tempos de guerra, ou em grande provação, ou perigo.

É importante tratar deste assunto, porque alguns insistem que o prognóstico de Joel, citado por Pedro em Atos 2.16-18, é normativo para a igreja até o fim dos tempos, especificamente a promessa de visões, sonhos e profecias. O Pentecostes é o cumprimento da profecia de Joel, junto com os eventos naquela geração. A referência aos "últimos dias" é citada por alguns como se sonhos, visões e profecias serão normativos através desta dispensação final. Isto é forçar a citação que Pedro fez de Joel, em um sentido que ele mesmo não aprovaria. Se formos ao texto em Joel, vemos que ele se refere ao que é extraordinário e que constituiu um evento histórico, isto é, a vinda do Espírito. Refere-se no mesmo contexto de sonhos, visões e derramamento do Espírito ao fato de que o *"sol se converterá em trevas, e a lua em sangue"*. A convulsão contida na derrubada da velha ordem e a entrada da nova é precisamente no que os apóstolos se envolveram. Aquela época terminou, eventualmente, na destruição de Jerusalém e dispersão dos judeus. Nosso Senhor também se refere a estes eventos traumáticos que são excepcionais e não normativos (Mc 13. 24). A remoção da velha ordem é o que significa "o sol se converterá em trevas".

O que é normativo até o fim dos tempos é a promessa da eficácia do evangelho, ou seja, que todos os que clamam no nome do Senhor serão salvos. Os eventos cataclísmicos acontecem uma vez. A obra contínua é a proclamação do evangelho, para que todos aqueles que clamam no nome do Senhor encontrem salvação nele.

Sonhos e visões são exceções e não a regra. Isto pode ser ilustrado de diversos modos. Por exemplo, o Dr. Thomas Barnardo teve um sonho que resultou no fortalecimento de um aspecto de seu trabalho. Foi um sonho muito simples. Dr. Barnardo foi um típico crente evangélico do período Vitoriano, cuja conversão ocorreu logo após o reavivamento de 1859. O Dr. Barnardo nunca se arrogou privilégios quanto ao Espírito Santo. O escopo do seu trabalho foi surpreendente. Por ocasião de sua morte, 59.000 crianças haviam sido cuidadas nos seus orfanatos. Em seu livro, *Thoughts on Religious Experience* (Pensamentos sobre Experiência Religiosa), Archibald Alexander tem um capítulo que explica o lugar dos sonhos na vida cristã, e como saber se são ou não de Deus.

Se fizermos um estudo sobre os líderes cristãos, através da História da Igreja, saberemos que há um elemento místico em suas vidas. Há alguns eventos incomuns, direcio-

As quatro grandes ocasiões: em Jerusalém, em Samaria, em Cesareia e em Éfeso

namentos, livramentos, sonhos e visões, mas são exceções, nunca a norma. Estes líderes não se atribuíam qualidades especiais. Não procuraram fazer do extraordinário a norma. Mas, às vezes, encontramos cristãos afirmando que a igreja ficou vilmente privada ou defraudada de poder extraordinário, através dos séculos. Afirmam que isto se deve a uma falta de fé. Quando as Escrituras declaram que o extraordinário *é dado soberanamente,* é difícil ver como a ausência do extraordinário é devido à falta de fé.

Há uma copiosa quantidade de documentação que relata sobre o Espírito Santo sendo derramado em despertamentos ou reavivamentos espirituais. Mas é impossível estabelecer que os eventos extraordinários que estivemos considerando, tais como o tremor de prédios, se tenham tornado a norma. O tremor de prédios, como relatado em Atos 4, nada tinha a ver com a quantidade de fé exercida por aqueles que estavam em oração. A ideia de um prédio sendo abalado, provavelmente, jamais havia sido imaginada pelos discípulos. É para a sua própria glória que Deus age de seu próprio modo e em seu tempo determinado. Ele é totalmente original. Nunca nos consultou sobre os detalhes da criação. Os detalhes sobre uma futura obra de conversão e reavivamentos futuros são conhecidos somente por Ele. Tais fatos não são dependentes de nossa fé. Vamos agora examinar as quatro principais passagens em Atos, sobre batismo do Espírito, observando a partir do princípio que há somente estas quatro ocasiões que satisfazem a descrição de batismo do Espírito prometida nos evangelhos e, então, confirmadas em Atos 1.8 e 11.16.

Qual é a mensagem transmitida pelos quatro grupos de pessoas: 1. *Jerusalém,* 2. *Samaria,* 3. *Cesareia* e 4. *Éfeso?*

O BATISMO DO ESPÍRITO SANTO

1. JERUSALÉM
Todos concordam que Pentecostes foi singular com relação aos 120 cristãos reunidos ali e com relação às conversões que aconteceram em seguida. As pessoas envolvidas eram singulares. Havia os onze apóstolos entre os 120; e os 3.000 eram, na maioria, prosélitos entusiastas, vindos de muitas nações, que haviam viajado grandes distâncias para estar em Jerusalém para a festa. Som, como de um vento, e línguas, como de fogo, foram sinais singulares. A reversão de Babel e o dom da Pessoa do Espírito Santo e a obra d'Ele foram inconfundíveis. Note a diferença entre os fenômenos extraordinários, vivenciados pelos 120, e o que poderíamos chamar de conversão normal, experimentada pelos 3.000.

2. SAMARIA
Por que Pedro e João foram à cidade de Samaria onde Filipe havia trabalhado? Esta foi a primeira igreja formada fora dos círculos apostólicos e fora do contexto da fé judaica. Antigas e amargas barreiras existiam entre as duas comunidades. Esta nova igreja, em Samaria, estaria em um estado de cisma do corpo paterno desde o seu nascimento, se uma ação não tivesse sido executada para quebrar a "parede da separação que estava no meio" (Ef 2 .11 a 3. 6). Se uma igreja existisse fora da autoridade apostólica, feriria a unidade do corpo de Cristo desde o princípio. Era vitalmente necessário que a inclusão dos cristãos samaritanos fosse atestada, de modo tal que decididamente removesse todo preconceito. Notável é o fato que dois apóstolos pudessem testemunhar à igreja, em Jerusalém, que o Espírito Santo havia sido dado em bases iguais àqueles *"mestiços"* chamados samaritanos, pessoas que antes haviam aceito

somente os cinco livros de Moisés e nada mais. Mediante uma prova visível do recebimento do Espírito Santo, nenhuma objeção volúvel poderia ser feita à sua inclusão. Assim, de um só golpe, o que era antes uma facção hostil, e o que seria uma assembleia isolada e separada, torna-se unida no corpo de Cristo. Esta unidade é preciosa. A maneira pela qual a "parede da separação" foi derrubada é vívida. Sugiro que é isto que deveria chamar-nos a atenção e estimularmos ao louvor. A finalidade desta narrativa não é estabelecer uma doutrina em que cada pessoa necessita ter condições de contar a respeito de uma visível ou audível recepção do Espírito Santo. O testemunho samaritano é corporativo e não individualista; ele não carrega o sentido de que cada crente tenha de relatar arrependimento, fé e, então, em adição, uma experiência específica de crise, de fisicamente receber o Espírito.

3. CESAREIA

Será útil, neste instante, voltar ao registro dos fatos que coloco à sua frente. O que aconteceu em Cesareia, com Cornélio e os de sua casa, foi vital como uma prova da inclusão de gentios. Vemos isto a partir do relatório do grande concílio de Jerusalém. Há apenas um concílio da igreja relatado no Novo Testamento, e Atos 15 o registra. A disputa girava justamente sobre esta questão da inclusão dos gentios: deveriam ser obrigatórias para os crentes gentios a circuncisão e a lei de Moisés?

O caminho havia sido meticulosa e maravilhosamente preparado pelo poder de Deus porque Pedro pode levantar-se no concílio, durante o ponto crítico, para provar que o Espírito Santo havia sido dado aos gentios. Era essa a prova por excelência de que eles foram aceitos em pé de igualdade. Isto excluía qualquer possibilidade dos judeus terem o direito de legislar para os gentios ou de impor sobre eles leis judaicas do Velho Testamento.

A referência de Pedro, ao dar uma descrição do que aconteceu, é o Pentecostes. Ele, o Espírito Santo, havia sido dado aos gentios "como também a nós". Ele não diz "como é dado a todos", mas é muito específico ao referir-se ao Pentecostes. Anteriormente, Pedro havia feito uma defesa de sua ação de entrar na casa gentia de Cornélio. A passagem paralela é Atos 11.1-18. Se você for um estudante diligente da Bíblia, comparará Atos 11.1-18 com Atos 15.1-21. Em ambos os casos, Pedro descreve o episódio em Cesareia, a respeito de Cornélio e de sua família. Conta do Espírito Santo caindo sobre *(epepesen)* eles "como também a nós no princípio" (11.15). O dom descrito é uma pessoa, não uma experiência. A experiência foi o sinal que comprovou o dom. Nos dois relatos, Pedro nada diz sobre os detalhes da experiência. A fé em Cristo é enfatizada e a primazia é dada à fé. O dom provava que tinham fé. Estes gentios eram crentes no Senhor Jesus Cristo. Declara Pedro: "Pois se Deus lhes concedeu o mesmo dom que a nós nos outorgou *quando cremos no Senhor Jesus,* quem era eu para que pudesse resistir a Deus?" (11.17). Sobre a base de que eram crentes comprovados, ele ordenou o batismo de água para estes gentios, em Cesareia, exatamente como havia ordenado batismo de água para todos os 3.000 novos crentes, em Jerusalém, no dia de Pentecostes.

Agora, quando os judeus ouviram a descrição de Pedro, o que disseram? Qual foi a resposta deles? Exclamaram: "Glória a Deus que Cornélio e seus companheiros gentios têm um batismo do Espírito!" Não! Eles louvaram a Deus, dizendo:

As quatro grandes ocasiões: em Jerusalém, em Samaria, em Cesareia e em Éfeso

"Logo, também aos gentios foi por Deus concedido o arrependimento para vida" (11.18). Suas objeções foram silenciadas e se regozijaram na conversão e salvação dos gentios.

De igual modo, quando examinamos Atos 15.8,9, a ênfase de Pedro é sobre a aceitação dos gentios, aceitação para igualdade. "E não estabeleceu distinção alguma entre nós e eles, purificando-lhes pela fé os corações" (15.9). O que fez a pessoa do Espírito Santo ao cair sobre Cornélio e seus amigos? Com que finalidade o Espírito Santo lhes foi dado? O uso do tempo aoristo é amplo de significado. O Espírito Santo foi dado para purificar-lhes os corações. Esta purificação foi uma ação completa. *Pistei katharisas tas kardias*, traduzido literalmente significa: pela fé que purifica seus corações. Não há processo gradual aqui. Estes gentios foram unidos a Cristo pela fé e, portanto, estavam perfeitamente santificados no sentido básico de santificação em distinção à santidade progressiva. Escrevendo aos coríntios, Paulo os descreve como tendo sido separados (santificados) (1Co 1.2); e mais tarde os descreve no sentido terminado ou completo, como: *lavados, santificados, justificados* (1Co 6.11). Há amplo significado contido em cada palavra. Cada palavra é um verbo de ação concluída ou completada, denotando alguma coisa feita uma vez por todas. Estes verbos são precisos para significar uma ação total, com nada mais a acrescentar; assim, não é possível acrescentar qualquer coisa mais! Cada verbo está na voz passiva e descreve alguma coisa que aconteceu aos crentes. Eles não haviam ativamente feito estas coisas a si mesmos. Estas são ações que todos os crentes experimentam passivamente. Deus penetra em nossas vidas.

Isto aconteceu a Cornélio e aos de sua casa. E por isto Pedro ordenou que fossem batizados. Pelo poder do Espírito Santo eles haviam crido e o fato de terem recebido o Espírito Santo foi confirmado de um modo súbito, inesperado e dramático, como em Pentecostes. Pedro ficou convicto de que o próprio Espírito Santo havia purificado estes gentios. Fé, purificação do coração e o dom do Espírito Santo são essencialmente um ato de Deus, e não podem ser separados um do outro.

Portanto, a primeira ação a que estes gentios foram sujeitos, foi o lavar. Tinham de ser batizados. Isto significava o lavar dos seus corpos em água pura (Hb 10.22). Batismo, ou o imergir o corpo na água, era um símbolo poderoso de purificação, uma vez por todas, lavando o cristão da culpa do pecado. Isto denotava uma ação decisiva, uma mudança de direção, um abandonar de caminhos vis, e uma união a novos princípios. Se o Espírito Santo purificou seus corações, então isto devia ser retratado pelo batismo com água. Daí a ordem de Pedro. O lavar do batismo leva o crente a novo e santo solo. É separado do mundo. É ligado ao corpo de Cristo. Ocupa novo território; um novo mundo. Faz isto com toda a finalidade expressa por estes verbos de ação total: *lavados, santificados, purificados*. Diz Pedro ao concílio de Jerusalém: "Purificando-lhes [uma vez por todas] pela fé os corações". Note o que Pedro diz, então: "Mas cremos que fomos salvos pela graça do Senhor Jesus, *como também aqueles o foram*" (itálicos meus) (15.11).

A informação de Pedro, seguida da de Paulo e Barnabé, convenceu o concílio de Jerusalém de que a promessa do Velho Testamento, de incluir os gentios, estava cumprida (15.17). Sinais miraculosos e prodígios entre os gentios e o cair do Espírito sobre eles demonstravam, sem dúvida, que o Senhor os salvara tal como aos judeus, em pé de igualdade. Não há qualquer inferência ou sugestão, em qualquer texto, de que

As quatro grandes ocasiões: em Jerusalém, em Samaria, em Cesareia e em Éfeso

se gloriaram na operação peculiar do Espírito Santo ou nos sinais miraculosos. Em todo o texto, é a salvação que é apreciada. Esta é a música redundante, o gozo de seus corações, como é tão claramente refletido quando louvaram a Deus, dizendo: "Logo, também aos gentios foi por Deus concedido o arrependimento para vida" (11.18).

4. ÉFESO

Observamos que, em ocasiões anteriores, ninguém foi excluído de receber o Espírito Santo, dentre as pessoas presentes nos grupos mencionados. Novamente aqui, temos um pequeno grupo. A condição de "grupo", não é a única similaridade. Todos os grupos são caracterizados por diversidade ou diferença um do outro. No primeiro estavam os apóstolos, o segundo era composto de mestiços desprezados, o terceiro tinha como seu líder um centurião que, para os judeus, representava o "senhorio" da Roma dominadora. Este quarto grupo, em Éfeso, é totalmente diferente dos primeiros três, pois ligava seu único conhecimento religioso a João Batista. Pareciam ser ignorantes de Cristo e do batismo cristão e nada sabiam da pessoa do Espírito Santo. Ainda mais uma diferença é que eram exclusivamente homens, enquanto nos três casos anteriores os grupos eram mistos.

Auxiliados por errôneas traduções da Bíblia, esta passagem é uma das mais usadas por pentecostais para dar apoio ao argumento que reivindica uma experiência de crise pós-conversão. Há traduções que dizem: "Recebestes vós o Espírito Santo desde que crestes?" (19.2). Muitos significados são dados à palavra "desde"; mas o texto deveria ser: "Recebestes o Espírito Santo quando crestes?" Um tempo coincidente aoristo do verbo é empregado, da mesma forma que em Efésios 1.13: crendo fostes selados ou ao crer fostes selados; Mateus 19.4, traduzido literalmente, é um outro exemplo: Jesus, "respondendo disse". Não se pode separar o responder do dizer. Aqui, em Atos 19.2, *elabete pisteusantes* quer literalmente dizer: crendo recebestes?

Esta é uma pergunta muito adequada para testar qualquer crente. Um cristão bem doutrinado responderá sem hesitação: "Fui batizado como um crente no Pai, Filho e Espírito Santo. E pelo Espírito Santo eu cri (Gl 3.2 e 14). Além disto, sei que tenho o Espírito Santo, porque fui regenerado por Ele (Jo 3.3 e 1Jo 5 .1), selado por Ele (Ef 1.13, 2Co 1.22), sou moradia dEle, ungido ou ensinado por Ele (1Jo 2.27), guiado por Ele (Rm 8.14), confortado por Ele (Jo 14.16), enchido por Ele (Ef 5.18) e santificado por Ele (1Pe 1.2, 2Ts 2.13). Outrossim, acrescentaremos o fato de que não temos apenas uma parte do Espírito Santo, porque Ele não pode ser dividido. Somos batizados no Espírito Santo. Nós o temos!

Este grupo de efésios necessitava da verdade que Paulo os ensinou (19.4). Creram nela e, como em todas as demais instâncias registradas, foram batizados em água, baseados na sua fé. Seriam estes prosélitos de João Batista que agora haviam sido batizados uma segunda vez em água (esta vez em nome do Senhor Jesus) aceitos pela igreja de Jerusalém? Nas ocasiões anteriores, Pedro e João, e depois Pedro somente, haviam sido envolvidos com não judeus. Eram de Jerusalém e, dificilmente, seu testemunho seria questionado. No evento, seu testemunho sobre os gentios foi aceito (15.8,9). Paulo e Barnabé também haviam testificado no concílio de Jerusalém (15 .12) mas a presente, decisiva, visível e audível testificação do dom do Espírito

As quatro grandes ocasiões: em Jerusalém, em Samaria, em Cesareia e em Éfeso

Santo não fora registrada no ministério de Paulo. Aqui havia gentios que possuíam conhecimento parcial. Viviam nos confins da órbita daqueles esforços apostólicos. O Espírito Santo é derramado neles também. Toda dúvida e possível disputa é, por uma ação, removida. O escopo de Atos 1.8 - até aos confins da terra - é cumprido. Mais tarde, Éfeso se tornou a cidade da igreja mãe para a implantação de igrejas na Ásia Menor.

A natureza extraordinária do que aconteceu em Éfeso não deve ser omitida. Não devemos concluir que cada um dos doze homens recebeu um dom permanente de profecia e outras línguas (19.6). Poderia ter sido o caso, mas a finalidade do evento é providenciar um sinal, cuja maravilha só pode ser apreciada quando chegamos a termo com a realidade de todos estes homens serem tão completamente movidos ao ponto de Deus falar através deles, de um modo sobrenatural. Que poderoso endosso de sua inclusão! Que confirmação de união com Cristo e com o Espírito Santo!

O caráter significativo desta situação é apreciado quando pensamos que não cabe a nós conferirmos este dom, sobre qualquer pessoa, pela imposição de mãos. Não há uma ordem sequer nas Escrituras, e nenhuma autorização no Novo Testamento, para que alguém imponha as mãos, exceto na ordenação de oficiais da igreja para o ministério. A imposição de mãos com a finalidade de receber o sinal do Espírito Santo foi uma prerrogativa apostólica. Foi de natureza tão dinâmica e surpreendente que Simão, o mago, que vira os milagres feitos por Filipe, parece deixar de lado estes milagres, indo em busca deste poder singular (8.18,19). A severa sentença subsequente que veio sobre Simão, o mago, é um aviso para todos que interpretam incorretamente a mensagem e o significado destas passagens e desejam exercer o poder sobrenatural de Deus, para exaltar sua importância pessoal. Esta prerrogativa de Deus dar-se ao homem é atemorizadora. Relata-se que Ananias impôs as mãos sobre Paulo, mas seu exemplo não deve ser tomado como licença para qualquer pessoa fazer o mesmo, pela simples razão que Ananias foi especialmente comissionado, pelo próprio Senhor, para sua missão sem par. A Escritura agora serve como nosso guia todo suficiente e não temos o direito de formar nosso próprio cânon de revelação particular.

A EXPERIÊNCIA INDIVIDUAL DE CRENTES, NO LIVRO DE ATOS

Examinamos as quatro ocasiões quando grupos de pessoas, variando em número de 120, em Pentecostes, a 12, em Éfeso, experimentaram o Espírito Santo cair sobre eles. Mas o que dizer sobre cada pessoa fora daqueles quatro grupos? Encontramos que os apóstolos requeriam que cada pessoa deveria experimentar o Espírito Santo caindo nele ou nela? Foi exigido que cada crente individualmente fosse batizado com uma experiência pentecostal após a conversão?

A primeira consideração é aquela das 3.000 pessoas convertidas no dia de Pentecostes.

Que tão grande número pudesse ser levado às águas de batismo num só dia, tem intrigado alguns estudiosos. Outros ficaram mais perplexos pelo risco envolvido em receber tantos, sem primeiro testar suas vidas quanto à frutificação. Esta última pergunta é mais facilmente compreendida quando lembramos que estes prosélitos representavam a nata dentre aqueles absorvidos na religião do Velho Testamento. Não eram pessoas que nunca haviam ouvido falar de Moisés, dos Salmos e dos

As quatro grandes ocasiões: em Jerusalém, em Samaria, em Cesareia e em Éfeso

Profetas. Pedro pregou-lhes as Escrituras, sendo eles bem informados e bem ensinados. A interpretação daquelas passagens foi de efeito penetrante. Uma vez que os ouvintes, em Pentecostes, constataram que Jesus havia cumprido exatamente as Escrituras, não viram qualquer obstáculo à imediata submissão. As implicações da divindade de Cristo eram tais que se alguém cresse verdadeiramente, isto significava o início de um novo mundo. O batismo representava a morte à velha ordem e a ressurreição a uma nova vida. Não havia razão para demora. Se for clara a compreensão a respeito da morte para a velha ordem e da ressurreição à nova vida, então não há razão para adiar o batismo. Em nossa sociedade a transição é frequentemente menos clara do que gostaríamos que fosse; então, existe a demora.

O que tem a demora a ver com o batismo do Espírito? A resposta é que procuramos em vão por uma referência à imposição de mãos dos apóstolos, antes ou depois do batismo dos 3.000. Nada nos revela que os 3.000 falaram em línguas. Nem tampouco falta informações, pois o Espírito Santo nos diz o que Ele considera importante (2.42-47). Se a venda de posses é mencionada, e isto é extraordinário e não ordem para toda a igreja até o fim dos tempos, então podemos estar certos que se o Espírito Santo tencionava que cada crente tivesse seu próprio Pentecostes, com prova visível e audível, isto teria sido escrito. Não está escrito, e não podemos construir uma doutrina a partir do silêncio.

O silêncio a respeito de qualquer experiência pós-batismo permeia o caso do eunuco etíope (At 8.25-39). Aqui estava um homem que, sem dúvida, seria uma grande influência no futuro estabelecimento da igreja cristã, na Etiópia; e esta foi uma terra em que a fé atravessou séculos até a geração de hoje, e durante este período o crescimento numérico da igreja tem sido vigoroso.

O BATISMO DO ESPÍRITO SANTO

O batismo do Espírito é tão importante para os carismáticos que um de seus líderes, na Semana Bíblica de Wales, em 1983, declarou: "Eu creio que é imperativo para cada crente estar cheio do Espírito Santo. Você não pode entrar na herança que Deus tem para você, até que tenha recebido o Espírito Santo. Pode mesmo deixar de lado qualquer outra coisa. Antes de entrar na teologia do final dos tempos, necessita disto. Também não começará a vencer, porque tudo se inicia aqui. É uma perda de tempo procurar qualquer outra coisa, até que tenha isto em ordem. Você necessita do batismo do Espírito Santo, magnificando a Deus em línguas, andando no âmbito do Espírito Santo"[7]. Este orador tornou claro que igualava "cheio com o Espírito" com "o batismo do Espírito". Agora, com esta moderna interpretação em mente, voltemos ao eunuco etíope e perguntemos como poderia Filipe ser tão negligente a ponto de somente batizar este superintendente do tesouro e não contar-lhe que seria uma perda de tempo procurar fazer qualquer coisa de significado no viver santo ou compreender a teologia, até que pudesse, através do batismo do Espírito, ser elevado a andar num nível espiritual diferente? Sem esta experiência especial do batismo do Espírito, como poderia ele ser um pioneiro do evangelho em sua terra natal?

Ainda mais chocante que a omissão de Filipe é a omissão enfática do próprio Deus! Imediatamente após a saída dos dois homens da água, o Espírito Santo arrebatou a Filipe. Antes que Filipe pudesse dizer qualquer coisa, sobre um conhecimento especial a respeito de um outro nível espiritual,

---

[7] Harvestime cassette, *Baptism in the Spirit*, nº. 1, final do lado 2, Wales Bible Week, 1983

As quatro grandes ocasiões: em Jerusalém, em Samaria, em Cesareia e em Éfeso

foi apressadamente levado. Este é um evento cheio de significado, pois nos assegura que a união com Cristo é a mais alta e a melhor. Não há plano superior a este. Não há elevação ou planalto nesta vida que seja melhor que a união com a Trindade. Isto é o que pensou o eunuco, porque lemos que ele foi no seu caminho, regozijando-se. Tinha bastante para se regozijar. Terminara de ser batizado no nome da Trindade (Mt 28.9). O máximo, o ápice, a melhor e a mais alta experiência neste mundo e no que há de vir é a união com o Pai, o Filho e o Espírito Santo (1Pe 1.1-10, Ef 1.3-14, Ap 21.3,4).

As igrejas se multiplicavam na Judeia, Galileia e Samaria (At 9.31) e os serviços de Filipe eram necessários. Se olharmos para estas igrejas ou para pessoas como Lídia (16.11-15), ou ao carcereiro (16.25-34), nenhuma indicação temos de que há quaisquer outros imperativos além de fé, arrependimento, batismo e ser membro da igreja. Convertidos foram ganhos em Bereia, Atenas e Corinto, mas nada lemos de uma mais alta experiência para os conversos nestes lugares. O modo como o evangelho foi acolhido em Tessalônica é descrito em considerável detalhe (1Ts 1), mas não há indicação sobre uma experiência de crise pós-conversão.

Nossa busca nos leva a Antioquia, na Síria, e ao trabalho de implantar a igreja em Listra, Derbe, Icônio e Antioquia, na Pisídia. Lemos de mensagens confirmadoras para fortalecer e estabelecer os discípulos (14.19-28 e 20.17-38). Lemos de presbíteros sendo investidos (14.23), mas ainda não há sugestão de que aqueles que abraçam o evangelho não podem progredir, não entram em um nível espiritual mais alto, nunca realmente compreendem teologia, até que tenham tido uma experiência especial ou até que pratiquem a glossolalia.

O BATISMO DO ESPÍRITO SANTO

Talvez o batismo no Espírito como uma experiência especial fosse tão fundamental que deveria ser tomado como óbvio; mas não encontrar uma única pessoa para apresentar como protótipo é pedir muito. Se este batismo do Espírito fosse mais destacado que a regeneração, se ele fosse o "abre-te sésamo" para um plano espiritual elevado, é simplesmente impossível crer que Paulo, em todos os seus escritos, não fizesse menção dele. Paulo conta as suas experiências; conta-nos, em 2 Coríntios 12, de haver sido elevado ao terceiro céu; tudo isto, mas nenhuma palavra sobre a suposta experiência-chave que todos deveriam ter. Em Romanos, sua tese sobre o modo de viver uma vida santa é meticulosa até a última letra grega, mas a respeito de uma superexperiência de crise pós-conversão somente o silêncio reina. Ele advoga a união com Cristo. Insiste na disciplina e mortificação pelo auxílio do Espírito Santo (Rm 8 .13). Olhamos em todos os cantos e não encontramos menção desta experiência especial, à qual é atribuído alcançar tanto, na vida espiritual, em apenas um momento. Já pesquisei com você, examinando as cartas do Novo Testamento, para mostrar que nenhuma chave simples, nenhuma experiência mais alta, nenhuma crise, nenhum batismo do Espírito é oferecido para conseguir-se mais santidade, segurança ou poder.

A abordagem normal para todas as igrejas e para cada crente é a justificação pela fé somente. Logo que acrescentamos algo a isto, estamos em erro. Logo que introduzimos uma teologia de *mais*, ou uma doutrina de *extra*, entramos na estrada errada. A vida de fé é uma vida de fé do princípio ao fim (Rm 1.16, 17). Minha fé, minha santidade, minha segurança, meu poder, não se baseiam em quaisquer sinais visíveis ou físicos. Somente a Bíblia é meu sinal. Estou alegre que o Espírito Santo vive em mim de um modo místico que me é impossível explicar para os

As quatro grandes ocasiões: em Jerusalém, em Samaria, em Cesareia e em Éfeso

outros (Rm 8.15, 16, 1Jo 4.13). Atribuo esta habitação ao fato de ser batizado no Deus triúno e não a qualquer experiência de crise pós-conversão. Há crentes que não gozam uma segurança forte e direta, mas podem, contudo ser mais conhecedores do que eu sobre a teologia, mais santos também, mais ousados, melhores pregadores e testemunhas, pela simples razão que o Espírito Santo não se limitou a qualquer regra[8]. É livre como o vento para trabalhar como, quando e onde quer.

Agostinho, vivendo mais perto do tempo dos apóstolos, fez observações sobre este assunto, as quais formam uma conclusão apropriada para este capítulo. É interessante ver que, dentre as muitas evidências de que uma pessoa tem o habitar do Espírito Santo, Agostinho se contenta em referir-se a apenas uma, e esta é o amor.

> No início, "todos ficaram cheios do Espírito Santo, e passaram a falar em outras línguas", que não haviam aprendido, "segundo o Espírito lhes concedia que falassem". Estes eram sinais adaptados ao tempo. Porque convinha haver aquele dom do Espírito Santo em todas as línguas, para mostrar que o evangelho de Deus deveria percorrer toda a terra, sob todas as línguas. Isto foi feito para ser um sinal, e passou ... Se, então, o testemunho da presença do Espírito Santo não for agora dado através destes milagres, pelo que é dado? através do que alguém sabe se recebeu o Espírito Santo? Que a pessoa questione o seu próprio coração. Se amar a seu irmão, o Espírito de Deus habita nele (citado por Judisch, p. 78).

---

8 Para ver o trabalho do Espírito Santo quanto à segurança, veja artigos de David Kingdon, *Reformation Today*, nºs. 75, 76.

CAPÍTULO 4

COMO DEVEMOS INTERPRETAR AS EXPERIÊNCIAS DE CRISE?

"**Você não me separa da minha experiência!**", exclama alguém que crê no batismo do Espírito Santo como uma experiência pós-conversão. Resposta: Ninguém quer tirar sua experiência e ninguém pode separá-lo de sua experiência, porque somente você sabe precisamente o que experimentou. Pode ser, ou não, uma experiência de fortalecimento, que explicarei dentro de pouco.

Estamos preparados para tomar a Bíblia como nosso único guia na doutrina, prática e experiência. Com fundamento na Escritura, demonstrei que nenhuma única e definida experiência pós-conversão foi apresentada ou prometida aos cristãos. Qualquer que tenha sido a experiência, você evitará confusão se chamá-la pelo nome correto. Pode ser uma experiência de fortalecimento, ou uma experiência santificadora, ou uma experiência de maior segurança. Pode ter tido duas, três ou mais experiências notáveis. Seria triste se você se permitisse ficar complacente por causa de uma experiência emocional que inevitavelmente ficará mais e mais no passado, ano após ano.

Há, no entanto, uma experiência, precisamente a experiência da conversão, que o Novo Testamento nos encoraja a termos como muito certa. Mostrei que através das cartas do Novo Testamento somos instados, baseados na união com a Trindade, a crescer em graça e em conhecimento. Regeneração, conversão, justificação - este é o único fundamento experimental sobre o qual somos encorajados a construir. Analisaremos agora experiências de crise sob diversos títulos.

1. EM ALGUMAS INSTÂNCIAS, A EXPERIÊNCIA DE CRISE É A EXPERIÊNCIA DA CONVERSÃO

O clima evangélico tem sido aquele em que a conversão foi simplificada e tornada muito fácil. Multidões têm feito decisões em reuniões variadas. Muitas almas têm sido trazidas às igrejas com uma falsa segurança. Mais tarde, um pregador ardente aparece, tornando-se o meio de acordar pessoas deste tipo. Subitamente, se tornaram vivas. O que chamam de segunda bênção ou consagração é, na realidade, a sua primeira bênção, a grande bênção do novo nascimento. Qualquer coisa que tenham conhecido antes era tão fraco e patético que não merecia ser chamado de novo nascimento.

É justo dizer que a prática de induzir profissões de fé, utilizando chamadas do púlpito ou instando pessoas a vir para a frente e, então, pressionando-as a tomar uma decisão, é mais comum na América do que na Inglaterra.

> Hallesby, em seu livro sobre a Consciência usa uma boa ilustração, quando se refere ao menino que queria aju-

Como devemos interpretar as experiências de crise?

dar a borboleta a sair do seu casulo. Disse que ela se esforçava duramente para ficar livre. Somente alguns fios a prendiam, de modo que o menino os cortou. A borboleta estava livre e ele ficou muito contente, tanto por ver a borboleta livre como pela pequena operação que havia realizado. Mas imagine a sua tristeza, quando descobriu o bem-intencionado mas destrutivo trabalho de amor que havia executado. A borboleta não podia voar e não podia aprender a voar. Os esforços pelos quais deveria ter-se libertado do casulo eram necessários para permitir-lhe voar. Em nossos dias, temos muitas almas despertadas de modo semelhante em nosso meio. Por obstetrícia prematura foi evitado que passassem pelos esforços do nascimento, os quais são condições necessárias para dar à luz a vida[9].

Naturalmente, o Espírito Santo não será impedido em seu propósito. Numa ocasião posterior, realizará sua grande obra de convicção e novo nascimento na pessoa que escolher para salvar. Porém, usará instrumentos que não frustrarão o seu objetivo. Não devemos ficar surpresos, no entanto, quando encontramos cristãos que pensam que foram convertidos no momento em que tomaram uma decisão e que, mais tarde, foram batizados pelo Espírito Santo. O fato é que eram espiritualmente mortos antes, e o que chamam de batismo do Espírito foi seu primeiro grande despertamento.

Também comum é a prática de aceitar muitas pessoas espiritualmente sem vida como cristãos, baseado no testemunho que aceitaram Jesus como Salvador, mas não como Senhor.

---

9 I.V.F., edição de 1962, p. 48.

O BATISMO DO ESPÍRITO SANTO

Ainda indispostos a aceitá-Lo como Senhor e vivendo vidas deploráveis, são assegurados por falsos mestres que seu testemunho verbal garante a salvação; e, mais tarde, se sentirem o desejo, poderão receber a Jesus como Senhor. Tais pessoas estão totalmente enganadas e perdidas, pois as Escrituras declaram que sem santidade, nenhum homem verá o Senhor (Hb 12.14).

Apesar disto, pode parecer que através de algum meio ou outro eles ficam realmente despertados pela primeira vez e se arrependem pela primeira vez e, pela primeira vez, entram em união com a Trindade. Esta é a experiência de crise para eles. É sua conversão, sua primeira bênção, não a segunda. J. C. Ryle, na introdução a seu bem conhecido livro, *Holiness* (Santidade - Editora Fiel), fez a mesma observação. O parágrafo inteiro é valioso e podemos observar o raciocínio de Ryle ao conduzir à sua conclusão:

> Que há uma vasta diferença entre um grau de graça e outro, que a vida espiritual admite crescimento, e que os crentes deviam ser exortados a tudo fazer para crescer na graça - tudo isso admito plenamente. Porém, a teoria de uma misteriosa e súbita transição do crente para um estado de bem-aventurança e *inteira consagração*, em um salto prodigioso, é algo que não percebo na Bíblia. Parece-me uma invenção humana e não vejo um único texto bíblico em prova de tal conceito. O crescimento gradual na graça, no conhecimento, na fé, no amor, na santificação, na humildade e na mente espiritual - tudo isto vejo claramente ensinado na Bíblia e claramente exemplificado nas vidas de muitos santos de Deus. Porém, saltos súbitos e instantâneos, da conversão para a

consagração, não percebo nas Escrituras. Realmente, duvido que tenhamos qualquer base para dizer que um homem pode converter-se sem que se consagre a Deus! Mais consagrado sem dúvida ele pode ser, e assim sucederá à medida em que a graça divina opere nele. Mas, se ele não se consagrou a Deus no dia em que se converteu e nasceu de novo, então, já não sei o que significa a conversão. Os homens não estão em perigo de subestimar e desvalorizar a imensa bênção da conversão? Quando instam com os crentes acerca da "vida superior", como uma segunda experiência de conversão, não estarão subestimando o comprimento, a largura, a profundidade e a altura daquela primeira grandiosa transformação que a Bíblia denomina novo nascimento, nova criação e ressurreição espiritual? Talvez eu esteja enganado. Mas por algumas vezes tenho pensado, enquanto leio a linguagem usada por muitos acerca da "consagração", nos últimos poucos anos, que aqueles que a usam devem ter tido anteriormente um ponto de vista muito baixo e inadequado da "conversão", se é que chegaram a experimentá-la. Em suma, tenho quase suspeitado de que quando se *consagraram*, na verdade, estavam se *convertendo* pela primeira vez![10]

2. EM ALGUMAS INSTÂNCIAS, A EXPERIÊNCIA DE CRISE É UM SALTO PARA A FRENTE, NO VIVER SANTIFICADO

Em muitas igrejas, há pouca instrução na doutrina e ainda menos instrução prática sobre o viver santificado. Não se

---
10 *Santidade*, J.C. Ryle, Editora Fiel, pp. 15,16.

admira, então, que quando crentes pobremente instruídos assistem conferências ou convenções onde são poderosamente movidos e encontram a Deus de um modo novo, que para eles é absolutamente dinâmico, subitamente encontram poder e resolução para deixar hábitos maus, arrepender-se de preguiça e indiferença, e daí para a frente avançam na vida cristã. Este salto para a frente ou grande passo no viver vitorioso recebe todo tipo de nomes. Fui sujeito a tal experiência e ela foi chamada de santificação total. Com o conhecimento bíblico que tenho agora, diria que pela primeira vez me conscientizei do que significava consagração. Mas quanto à santificação interna, progressiva, tudo o que aconteceu foi que dei um "pulinho" para a frente. Isto foi elogiável e meritório, mas muitos quilômetros ainda tinham de ser percorridos. Agora tenho conhecimento mais elevado do que é a perfeição, isto é, amar a Deus com a inteireza de nosso ser e também viver em perfeita conformidade, nesta vida, com toda a vontade revelada de Deus. Agora, compreendo melhor porque Paulo disse que não conseguia atingir a perfeição (Fp 3.12), e porque, apesar de todos os nossos recursos em Cristo, achou tão difícil esta conquista (Rm 7.13 a 8.4).

Aqueles que acenam com a possibilidade de total e instantânea santificação (algumas vezes chamada de perfeita santificação, ou perfeita santidade), o fazem baseados em certos textos que parecem ensinar isto. Mas estes textos pertencem à categoria do que os teólogos definem como santificação definitiva[11]. Definitiva quer dizer que o ato de ser separado por Deus, na conversão, é final e de uma vez por todas. A referên-

---

11 Para obter material sobre santificação definitiva, veja John Murray, *Collected Writings*, Banner of Truth, 1977, Vol. 2, p. 277 ss.

cia é ao significado básico da palavra grega santificar, isto é, separar (1Co 1.2, 6.11, Rm 6.2). Tendo sido separados, então a obra interna e progressiva de santificação vem a seguir (Rm 8.13, Cl 3.5, 2Co 3.18, 7.1, 2Pe 3.18, 1Ts 5.23). É mal concebida a ideia de que por um poderoso ato de consagração se possa atingir perfeita santidade. Devemos sempre procurar ser perfeitos, mas, ao mesmo tempo, compreender que amar a Deus com todo o nosso coração e mente significa que somos constrangidos a confessar que nossos melhores esforços ainda não alcançam a perfeição.

3. EM ALGUNS CASOS A EXPERIÊNCIA DE CRISE É, INFELIZMENTE, NADA MAIS QUE SENTIMENTOS E EMOÇÕES

Pode parecer muito duro para alguns, mas as Escrituras insistem em real ou evidente frutificação como prova de realidade espiritual. João Batista disse que queria ver o fruto de arrependimento, não mera profissão de fé exterior. Jesus disse que de nada vale chamá-Lo de Senhor, se não fizermos o que Ele nos ordena. Conheço pessoas que dão luminosas descrições de seus sentimentos, mas não mostram melhorias tangíveis na qualidade de suas vidas em casa, no trabalho ou na igreja. Norman Street, pastor da Igreja Batista de Jarvis Street, em Toronto, ilustra este assunto de emoção ou sentimento muito claramente, quando se refere a seu ministério:

> Durante os primeiros quinze anos de meu ministério fiz, quase toda vez que preguei, o convite para as pessoas virem ao altar. Se minha mensagem fosse um tema tocante do evangelho, havia certas pessoas que eu sabia

O BATISMO DO ESPÍRITO SANTO

que viriam à frente. Se fosse um sermão penetrante sobre a segunda vinda de Cristo, ou um sermão sobre o céu ou inferno - ficariam estremecidas. Vinham à frente, chorando e pedindo por oração. Sempre o faziam. Perguntava-me se estas pessoas estavam perdidas e necessitando de salvação. Não sei se cheguei a ter a resposta. Eram eles caídos, necessitando ser restaurados? Quem poderia dizer? Muitos deles nunca encontraram um lugar de descanso. Lembravam-me aquelas tristes palavras de Paulo, quando disse: "Aprendem sempre e jamais podem chegar ao conhecimento da verdade". Esta é uma trágica afirmativa. Às vezes, minha mensagem era uma forte exortação aos cristãos, contendo um desafio para renunciar o mundo e arrepender-se de caminhos não cristãos. Às vezes, era uma chamada à oração, ou a mais fidelidade em dar-se ao Senhor. Em qualquer caso, sabia que logo que o convite fosse feito, haveria um ou dois homens e algumas mulheres que viriam à frente, sem importar se outros viessem ou não. Desciam para a frente com grande emoção, chorando a caminho do altar.

A princípio, eu mesmo, como pastor, era movido às lágrimas, porque via em tudo isto uma evidência encorajadora de que o Senhor estava abençoando a pregação da Palavra. Depois de algum tempo, percebi que havia algo de errado. Estas pessoas sinceras nunca fizeram o que estavam sempre prometendo ao Senhor que fariam. Falavam sobre suas promessas, oravam e choravam a respeito delas, mas mesmo com choro e orações, nunca havia qualquer mudança notável, ou duradoura, em seu comportamento ou modo de vida. Após alguns anos, fiquei desanimado. Comecei a questionar a sabedoria do sistema da chamada ou de convite ao altar. Continuei a encerrar o culto deste modo, embora sem a mesma intensidade. O triste é que algumas destas pessoas a quem me refiro pensavam a seu próprio respeito como sendo muito espirituais. Parte do que viam como prova de sua espiritualidade era que cada vez que o convite era feito, iam à frente. De fato, ninguém é suficientemente correto para com Deus, nem pode alguém chegar suficientemente perto do Senhor. Sentiam que estavam sempre com fome e sede de justiça. Sentiam que estavam sempre buscando mais de Deus. Sentiam que este era um sinal de maior espiritualidade. Até oravam em favor dos outros, e mencionavam por nome os que achavam que deveriam vir à frente. Foram envolvidos em pura emoção e ela nada fazia por eles[12].

4. ALGUMAS EXPERIÊNCIAS DE CRISE REPRESENTAM RECUPERAÇÃO DE DECLÍNIO ESPIRITUAL

Na Escritura, há relatos sobre crentes que caem gravemente. O caso mais conhecido, no Velho Testamento, é o de Davi. O Salmo 51 expressa seu arrependimento. Este poderia ser descrito como uma experiência de crise na vida de Davi. No Novo Testamento, temos o caso de Pedro que, quando negou seu Senhor, falhou miseravelmente. Não podemos provar que estava em um período ou estado

---

12 *Reformation Canada*, Vol. 6, nº. 3, 1983.

de queda ou declínio. Podemos ver que estava fraco e em pecado, necessitando de uma recuperação ou restauração especial. Vendo um outro exemplo, não conhecemos detalhes suficientes para sermos dogmáticos sobre as razões pelas quais João Marcos desertou da companhia de Paulo e Barnabé, na Panfília (At 15.38). Mas, sabemos que ele se recuperou daquela condição de fraqueza.

Que o declínio espiritual leva à apostasia é claramente estabelecido pela carta aos Hebreus. A restauração dos que caem é uma realidade. Pode envolver uma grande crise espiritual. Há pouco tempo, um casal em nossa igreja deu testemunho que, depois de vários anos de consistente vida cristã, declinaram, e por vários anos viveram em um horrível estado espiritual. Eventualmente, foram trazidos de volta à sua antiga lealdade ao evangelho. Restauração deste tipo, como exemplifica a restauração do ofensor incestuoso, em Corinto, pode ser acompanhada por profundo arrependimento e tristeza, que afeta muitas pessoas envolvidas no caso (2Co 7. 11).

O problema fundamental com relação ao declínio diz respeito ao comprometimento e à consagração. A conversão os inclui. Não se pode ser convertido, sem estar comprometido com Cristo e consagrado a Deus. Frequentemente, o ensino sobre arrependimento é inadequado ou totalmente ausente. Satanás não demora em obter vantagem desta falha, de modo que aqueles que sinceramente se achegam a Cristo na primeira instância, são facilmente desencaminhados, levados à acomodação e, então, ao pecado sério. Precisam ser recuperados, se são verdadeiros filhos de Deus. Inevitavelmente isto envolve uma crise de algum tipo.

Como devemos interpretar as experiências de crise?

Um ministro escocês, chamado James Philip, expressou estes assuntos claramente ao escrever:

> De acordo com as Escrituras, a conversão e a consagração são simultâneas, no sentido de que nenhuma conversão realmente acontece se não significar, inferir e envolver uma verdadeira consagração a Cristo. Não se dá parte de nossa aliança a Cristo na conversão e, então, numa fase posterior, faz-se uma completa rendição a Ele, denominada consagração. Não se entra no reino a não ser sob os termos de rendição incondicional. Um crente pode perder a sensibilidade de sua consagração e afastar-se daquela atitude de total comprometimento que marcou sua entrada no reino de Deus. Se fizer isto, então uma nova consagração é necessária e, algumas vezes, isto é tão marcante e decisivo - e súbito - como uma experiência de conversão; realmente é uma crise, se esta é a palavra usada para descrevê-la. Mas é necessário ser claro sobre o que aconteceu. Não é um avanço a outro estágio de experiência, e, sim, um retorno a um estágio anterior. Muito depende de uma verdadeira conscientização disto. Pois obviamente, se um crente não se afastar de sua primeira consagração, mas prossegue a fim de conhecer o Senhor, cada vez mais profundamente, não precisa renová-la (há exceção ao fato que nossa consagração é renovada, dia a dia e hora a hora, o que não se discute aqui)[13].

---

13 James Philip, *Christian Maturity*, (I.V.F., 1964), p. 56 ss., citado no livro da I.V.F., *The Way of Holiness*, por K.F.W. Prior, no capítulo "Crises no Caminho". O livro do Rev. Prior é altamente recomendado.

5. A CRISE DA DESCOBERTA

Há muitos cristãos, hoje, que testificam que a maior experiência de crise após a conversão foi a descoberta da soberania de Deus, às vezes chamada de doutrina da graça. Incluo-me nesta categoria. Em minha busca pela realidade, percorri todas as doutrinas, sentimentos, emoções e experiências associadas com o pentecostalismo, incluindo a reivindicação do batismo do Espírito. Foi após este tempo que entrei em uma prolongada experiência espiritual, ligada à descoberta da doutrina detalhada no livro de Romanos.[14] Se alguém insistiu em especificar *a bênção número dois* (embora esta expressão seja biblicamente inconsistente) então diria que minha experiência de conhecer as doutrinas da graça sem preço é minha bênção número dois. A palavra bênção ou favor poderia referir-se a todos os tipos de misericórdias. Ser-nos mostrado o significado da graça soberana é uma bênção transformadora e estabilizadora da vida. Nunca deveria ser uma segunda bênção, mas parte e parcela da primeira. Em igrejas onde o ensino bíblico é expositivo e sistemático, os novos convertidos nascem nestas verdades desde o início. Onde estes ensinos bíblicos estão ausentes, pode ser um choque de grandes proporções para os crentes desfazerem-se do erro e, então, virem alegremente à crise da descoberta, ou seja, a descoberta da soberania de Deus na salvação.

A crise da descoberta não precisa ser restrita às doutrinas da graça. Os crentes podem ficar pasmos pela maravilha e poder da verdade da expiação substitutiva. Cristo realmente morreu em meu lugar. Dependendo da ocasião e da intensi-

---

14 Descrevo esta experiência em um dos capítulos de *The Believer's Experience* (A Experiência do Crente), Reino Unido, Carey Publications, Estados Unidos, Zondervans.

Como devemos interpretar as experiências de crise?

dade, isto pode constituir uma crise de grandes proporções na vida de um crente. Os atributos de Deus podem vir com tremendo poder espiritual a um cristão estável e daí constituírem-se em uma experiência de crise. Há instâncias em que a restauração após um longo período de vida espiritual infrutífera é realizada pela verdade, inundando a alma com poder. Isto ocorreu na vida de Christmas Evans, de modo surpreendente, como descrito a seguir:

> Estava cansado de ter um coração frio para com Cristo e seu sacrifício e para com a obra de seu Espírito; cansado de ter um coração frio no púlpito, em secreto e no escritório. Por quinze anos antes, havia sentido meu coração queimando interiormente como se caminhasse a Emaús com Jesus. Certo dia, que será sempre lembrado por mim, quando ia de Dolgellau a Machynlleth, subindo para Cader Idris, considerei que deveria orar, não importando quão duro me sentia no coração e quão mundana a atitude de meu espírito. Havendo começado em nome de Jesus, logo senti como se amarras fossem soltas e a velha dureza de coração se derretesse, e, enquanto pensava, montanhas de gelo e neve se dissolviam e derretiam dentro de mim. Em minha alma, isto gerou confiança na promessa do Espírito Santo. Senti minha mente aliviada de alguma grande servidão. As lágrimas fluíam copiosamente e fui constrangido a clamar pelas graciosas visitas de Deus, pela restauração das alegrias da sua salvação à minha alma e por visitas às igrejas, em Anglesey, que estavam sob meus cuidados. Em minhas súplicas, abrangi todas

as igrejas dos santos e quase todos os ministérios na região, pelos seus nomes. Esta luta durou três horas. Levantou-se várias vezes, como uma onda após outra, ou uma maré alta, forte, levada por um forte vento, até que minha natureza se tornou fraca pelo prantear e chorar. Resignei-me a Cristo, corpo e alma, dons e serviço, cada hora de cada dia que me restava e todos os meus cuidados lancei sobre Cristo. A estrada era montanhosa e solitária; estava totalmente só e não sofri interrupção na minha luta com Deus.

Depois disto, Evans fez um pacto com Deus, dando-se em renovada devoção a seu serviço. E, novamente, grande número de pessoas foi acrescentado às igrejas, através de suas pregações. Nos dois anos subsequentes, seiscentas pessoas foram acrescentadas[15].

6. A CRISE DE FORTALECIMENTO

Homens que têm um grande trabalho a realizar são fortalecidos para este trabalho. No capítulo sobre o que é ser cheio do Espírito, explico o que isto envolve, para diferentes pessoas. Um pregador precisa ser ungido em sua pregação, pela qual deve falar com clareza e persuasão espiritual. Sua mente e personalidade exigem ser dominadas por Deus. Em outras palavras, todas as faculdades do pregador precisam ser cheias do Espírito Santo e usadas por ele.

Há alguns, como R.A. Torrey, que escolheram chamar de batismo do Espírito ao seu fortalecimento, no início de

---

15 A vida de Christmas Evans, incluindo esta experiência em particular, é descrita por Robert Oliver em *Reformation Today*, nº 29.

sua vida como pregador; e, muito mal orientados, procuraram fazer disto a norma para outros, prescrevendo todos os tipos de meios e condições para tentar induzi-lo. Muitos viram retratada nas vidas de grandes pregadores sua noção favorita do batismo do Espírito. Sei de tais defensores que procuram fazer isto com George Whitefield. O Dr. Arnold Dallimore, que é responsável pela mais proeminente biografia de Whitefield, publicada em dois grandes volumes pela editora Banner of Truth, declara que tal afirmação não pode ser substanciada no caso de Whitefield. Ele é corretamente visto como o mais poderoso pregador na língua inglesa, até hoje; e ainda assim, ele se opôs fortemente à ideia de dois estágios de experiência cristã. O Dr. Dallimore escreveu que procurar ver ou impor um selar do Espírito na experiência inicial de Whitefield como pregador é inteiramente errôneo! Que cada crente recebia "o selo do Espírito" foi um elemento essencial da doutrina de Whitefield e ele nunca defendeu o ensino pentecostal como é conhecido hoje[16]. Whitefield era constantemente cheio do Espírito Santo. De modo nenhum poderia ter sustentado seu poderoso ministério sem aquele constante fortalecimento de Deus, um poder que tinha sua fonte perene em Cristo e não em alguma experiência inicial, misteriosa, pós-regeneração, que modernos intérpretes chamam de "o batismo".

Lembramo-nos de Whitefield e refletimos sobre seu poderoso ministério, mas que dizer de outros proeminentes pregadores e líderes da igreja cristã? E Martinho Lutero? Longe de apoiar as ideias dos carismáticos dos seus dias, Lutero

---

16 Um manuscrito especificamente relacionado a este assunto foi escrito para *Reformation Today*, pelo Dr. Arnold Dallimore.

era ferozmente oposto a elas. Durante a ausência de Lutero no Castelo de Wartberg, os carismáticos assumiram a liderança em Wittenberg. Foi somente a pregação de Lutero que trouxe a sanidade de volta a Wittenberg, salvando a Reforma de um espírito de fanatismo e desintegração.

C.H. Spurgeon é visto pelos batistas como seu príncipe dos pregadores, mas jamais promoveu a ideia que seu poder dependia de qualquer coisa além de sua completa união com Cristo. Nunca se referiu a alguma experiência pós-conversão como a chave ao poder. Esta ideia era estranha a ele.

Seria possível nomear uma galáxia de poderosos pregadores, de quem se poderia dizer que foram cheios do Espírito Santo, mas nunca souberam, e muito menos propagaram, uma investidura especial como uma chave necessária para sucessivos fortalecimentos. A palavra "batismo" é preservada em seu uso para iniciação e somente ocorre com relação ao Pentecostes e a inclusão dos gentios (At 11.16). O apóstolo mais proeminente foi "cheio" com o Espírito (At 9.17). Isto é importante, porque alguns negam que o enchimento seja adequado.

Poderia agora descrever cenas em que o Espírito Santo veio sobre congregações de modo notável, resultando em conversões duradouras. Os pregadores costumavam não somente negar a noção que um especial batismo do Espírito explica o poder que experimentaram, mas eram hostis àquele ensino, na mesma base do que exponho neste livro.

É de suma importância reforçar que não estou negando, nem por um momento, a necessidade de ser "ungido", ou "cheio", ou "fortalecido", para que se tenha poder e unção em toda a ocasião em que a Palavra for pregada. Esta mentalidade deve ser encorajada de todo coração, em contraste com a ideia mística de depender de alguma experiência passada de batismo do Espírito.

7. A CRISE DO DISCIPULADO

Há alguns verdadeiros cristãos que, tendo crescido com a proteção e cuidado de pais crentes e de uma forte igreja, descobrem, quando a vida os leva para longe deste ambiente auxiliador, que a vida de discípulo pode ser muito mais exigente do que imaginavam. O choque pode ser bem severo, causando uma crise espiritual em que o crente precisa mergulhar em um atribulado oceano e nadar para sobreviver. A diferença entre nadar numa piscina aquecida, interna, e em um mar tempestuoso, é grande. Ocorre maior dependência da liderança de Cristo levando a uma nova dimensão do poder do Espírito Santo. Alguns relembram deste tempo como o teste real de sua fé, mas não como o início de sua fé.

Também nesta classe de experiência está o exercício do chamado para o serviço ministerial ou missionário. Isto pode significar literalmente o deixar tudo por amor a Cristo. Pode incluir o deixar para trás uma carreira lucrativa e aventurar-se no adverso mundo do desconhecido. Uma experiência espiritual que pudesse se encaixar em qualquer uma das dez categorias que estamos considerando, poderia vir a uma pessoa numa ocasião como esta. Tal experiência seria vista como um meio de força e segurança para confirmar o chamado e aumentar os poderes de perseverança e determinação.

8. UMA CRISE NO ÂMBITO DA SEGURANÇA

Este é um assunto que já foi discutido em relação à carta aos Efésios e à primeira epístola de João. E suficiente dizer que ocasionalmente há aqueles que têm um enorme problema com a segurança. Digo ocasionalmente porque, sob um ministério bíblico equilibrado, a vasta maioria de crentes deverá gozar o que comumente chamamos de firme segurança, descrita em Romanos 8.15,16.

Às vezes, tenho observado que pessoas vindas de um passado arminiano, ao conhecerem as doutrinas da graça, podem lutar desesperadamente sobre a segurança, durante anos. A razão para isto é que se recordam do passado, e lembram que sua vinda a Cristo foi muito dominada pela pressão de outros, ávidos para que tomassem uma decisão. Como podem estar certos de que nasceram de novo? Alguns pentecostais ofereceriam a tais pessoas uma experiência. Mas isto torna mais complexa a dificuldade, porque todos os tipos de experiências podem ser induzidas ou simuladas. Como pode uma pessoa saber se uma experiência a que foi forçada é de Deus? A única e definitiva prova de que se tem o Espírito Santo é o fruto do Espírito. Integrada a esta frutificação está a misteriosa e interna segurança da salvação, vivenciada mais por alguns do que por outros.

Gardiner Spring escreve sobre este assunto de modo sublime, em um capítulo de seu livro *The Attraction of the Cross* (A Atração da Cruz)[17]. Uma de suas afirmativas é a seguinte:

> Há um meio, quase sempre seguro, de obter a completa segurança de esperança: é pelo crescimento na graça. Grandes e constantes medidas de graça têm a tendência feliz de remover aquelas dúvidas que entristecem a mente, e tão frequentemente tomam-na como o mar agitado,

---

17 Banner of Truth, 1983, p. 245.

Como devemos interpretar as experiências de crise?

ao ponto de não poder descansar. As dúvidas são naturalmente suprimidas pelo crescente conhecimento da verdade, por revigorada confiança em Deus, e por aquela gratidão e contentamento dados pelo céu, o que faz o jugo de Cristo ser suave e seu fardo, leve. "Conheçamos, e prossigamos em conhecer ao SENHOR: como a alva a sua vinda é certa; e ele descerá sobre nós a chuva, como chuva serôdia que rega a terra" (Os 6.3).

Também tenho observado que aqueles que vêm de um forte passado católico romano frequentemente lutam com o problema da segurança. Arraigada em suas mentes está a ideia que a salvação é baseada em boas obras. Leva tempo para compreender plenamente que a salvação, do princípio ao fim, é uma dádiva da graça, sem consideração de boas obras.

Quaisquer que sejam as dificuldades encontradas com relação à segurança, devemos dizer que há experiências pelas quais este assunto pode ser resolvido. O Pai pode vir, em qualquer época, a um crente e revelar no próprio coração desta pessoa a grandeza de seu amor. Isto é algo que não podemos controlar. Tenho aconselhado almas a sinceramente buscarem o dom da firme segurança. Eles a tem buscado, e no devido tempo voltam para dizer-me que não estão mais perturbadas por suas antigas dúvidas, a respeito do assunto de sua salvação pessoal.

Necessitamos, agora, examinar a questão de ser selado. Recomendo a meus leitores que voltem ao capítulo 2 e à seção sobre Efésios, à medida que lidamos com a metáfora de ser selado.

Uma metáfora é uma figura de linguagem em que as palavras são usadas de modo literal para ilustrar um assunto. Por exemplo, a Casa do Parlamento é dissolvida, simplesmente quer dizer que suspende-se a reunião de seus membros, não que o prédio deixa literalmente de existir. Assim falamos do Espírito Santo ungir e selar aqueles que creem. Isto não quer dizer que óleo seja derramado sobre suas cabeças ou que um selo visível seja posto em suas testas (2Co 1.22, Ap 7.3).

A natureza do selar é que a imagem ou caráter de Deus é estampada na pessoa selada. Isto é feito na regeneração. No entanto, a regeneração se refere a uma obra e o selar a outra, embora o selar seja proximamente associado com a regeneração. A regeneração é a transformação total da pessoa, enquanto o selar se refere a um dos resultados específicos daquela renovação ou transformação.

Selos são usados em documentos para confirma-los ou ratificá-los. Daí é dito que aquele que recebe o testemunho de Cristo *"certifica que Deus é verdadeiro"* (Jo 3.33). Os homens colocam seus selos no que acham apropriado e no que desejam guardar em segurança para si. Portanto, evidentemente, neste sentido, diz-se que os servos de Deus são selados (Ap 7.3), isto é, marcados com a marca de Deus[18]. São selados como o povo especial de Deus. Semelhante é o relato em Ezequiel 9.4, onde lemos que aqueles que realmente se importavam com a causa de Deus tinham um selo em suas frontes; não literalmente, por certo, mas espiritualmente.

Agora, toda pessoa que é nascida de novo tem a imagem de Deus estampada nela. Do mesmo modo é dito de Cristo, que era selado, isto é, que tinha o selo do Pai sobre Ele (Jo 6.27). O selo de Deus na regeneração é de um tipo diferente, por certo,

---

18 Usei as palavras e segui a exposição de John Owen, *Works*, Vol. 2, p. 242 ss. Veja também Vol 4, p. 400 ss.

daquela gloriosa imagem da grandeza do Pai que estava em Cristo. Refiro-me somente ao símbolo de selar.

Como todo o cristão é selado com o selo e imagem de Deus, quando é nascido de novo (Ef 1.13), também todo verdadeiro cristão é ungido. Ungido é ter os olhos abertos para ver que Cristo é o Filho de Deus (1Jo 2.27, 2Co 1.22). Mas há dimensões experimentais envolvidas nestes atos de Deus. Se os olhos de alguém são abertos, essa pessoa tem diante de si um futuro de luz, para ver a glória de Deus. Da mesma forma, se foi selado, tem diante de si uma vida de segurança, pois o selo espiritual tem a ver com propriedade, isto é, o pertencer a Deus. A sensação gloriosa de pertencer a Deus pode, às vezes, ser muito marcante, como se estivéssemos sendo selados de novo.

É aqui que o equívoco aparece, porque alguns escritores se referem ao selar como uma experiência que acontece depois da regeneração. Estão corretos no sentido experimental, porque frequentemente acontece que a totalidade das implicações de haver sido selado por Deus vêm mais tarde, com graus variáveis de poder e realização. Ajuda a evitar muita confusão e interpretações errôneas, se compreendermos claramente que há um selo ou imagem que é inicial, seguida pelas dimensões experimentais que decorrem daquele selar inicial.

É importante apreender cuidadosamente as distinções feitas na Escritura e firmar-nos aos termos usados nela. Para ilustrar este ponto, João Calvino definiu regeneração tão amplamente que poderia, às vezes, ser tomada como incluindo tudo, desde o estímulo inicial até uma vida inteira de santificação progressiva. À medida que a Reforma se desenvolveu, os Puritanos entraram em mais detalhes e fizeram uma distinção mais cuidadosa entre regeneração e chamado efetivo como iniciais, e santificação progressiva como aquela que vinha a seguir.

Desde a época dos Puritanos, os teólogos acharam necessário ser ainda mais precisos e identificaram a regeneração como o primeiro ato de Deus, introduzindo vida espiritual em almas mortas, e o novo nascimento num contexto mais amplo, da consciente manifestação desta nova vida no cristão. Uma das vantagens da controvérsia é que nos compele a estudar a Bíblia mais de perto, e chegar a conclusões com a singular precisão, clareza e unidade que lá encontramos.

Concluo, então, dizendo que seremos auxiliados, se nos lembrarmos que há o selar inicial com o selo de Deus em cada pessoa regenerada (Ef 1.13, 4.30), mas também muitas ramificações ou dimensões que se seguem, no contexto da experiência espiritual na vida do crente.

9. A DESCOBERTA DA BELEZA DE DEUS

Tem havido uma tendência de tomar as experiências que consistiram em indiscutíveis impressões da grandeza ou glória de Deus e usá-las para escorar um sistema de cristianismo de dois níveis, de primeira e segunda bênção. Até o Dr. Martyn Lloyd-Jones, em seu zelo por reavivamento e em seu desejo de preservar a doutrina de poder aos pregadores, o que é digno de elogio, tendeu a colocar o rótulo de batismo do Espírito em experiências que eram realmente descobertas maravilhosas do poder, beleza e glória de Deus. Se bem que ele rejeitava com veemência os ensinos do movimento de vida mais elevada, caiu na armadilha do sistema de dois níveis, tanto quanto ao poder como à segurança. Para justificar isto, tendia a colocar todo tipo de experiências na categoria de batismo do Espírito. Vejamos uma em particular. Cita ele o caso de John Flavel.[19]

---

19 John Flavel, *Works* (Obras), Vol. 3, pp. 57-58. D. Martyn Lloyd-Jones, *Romanos* 8.5-17, p. 315.

Como devemos interpretar as experiências de crise?

Para julgar a experiência, necessitamos vê-la em sua totalidade. Como Paulo, em 2 Coríntios 12, Flavel fala de um ministro, mas estamos certos, por causa da intimidade dos detalhes, que fala de si mesmo.

> Tenho, com boa segurança, este relato de um ministro, "que estando só numa viagem, e disposto a fazer o melhor uso possível da solidão daquele dia, começou a examinar de perto o estado de sua alma, e então, da vida por vir, e o modo de sua essência, e o morar no céu, à vista de todas aquelas coisas que são agora puros objetos de fé e esperança. Após algum tempo, percebeu que seus pensamentos começaram a se fixar, e chegaram mais perto que de costume, destas grandes e assombrosas coisas; à medida que sua mente se fixava nelas, suas afeições começaram a crescer com vivacidade e vigor.
>
> Então, (enquanto ainda era dono de seus pensamentos) elevou seu coração a Deus em uma curta exclamação, a fim de que Deus ordenasse, em sua providência, que não fosse interrompido por companheiros, ou qualquer incidente naquela viagem; o que lhe foi concedido: Durante toda a viagem daquele dia, não encontrou, nem alcançou, ou foi alcançado por ninguém. Assim, indo no seu caminho, seus pensamentos foram crescendo, e levantaram-se mais e mais alto, como as águas na visão de Ezequiel, até que finalmente se tornaram uma inundante enchente. Tal foi a intenção de sua mente, tais os aprazíveis sabores de alegrias celestiais, e tal a completa segurança de seu interesse neles, que perdeu totalmente a visão e sentido deste mundo, e todas as preocupações

dele; por algumas horas, não sabia onde estava, como se estivesse num profundo sono em sua cama. Finalmente, começou a perceber-se muito fraco e quase sufocado com sangue, que, correndo em abundância de seu nariz, havia colorido suas roupas e o cavalo, da paleta ao casco. Viu-se quase entregue, e a ponto de desmaiar sob a pressão de alegria inexplicável e difícil de controlar; finalmente, percebendo uma corrente de água em seu caminho, com alguma dificuldade desceu a fim de lavar e refrescar seu rosto e mãos, que estavam encharcados de sangue, lágrimas e suor.

Sentou-se à beira da corrente e lavou-se; e desejou sinceramente que, se fosse o prazer de Deus, que ali pudesse ser o lugar de sua partida deste mundo: Disse ele que a morte tinha o rosto mais amável a seus olhos, como jamais havia contemplado; exceto o rosto de Jesus Cristo, que a fez assim; e que não se podia lembrar (embora cresse que ali morreria) que tivesse tido um pensamento sobre sua querida esposa, ou filhos, ou qualquer outra preocupação terrena.

Mas tendo bebido daquela corrente, com o seu espírito revificado e o sangue estancado, novamente montou seu cavalo; e continuou no mesmo espírito, até que tendo terminado uma viagem de quase 50 quilômetros, aproximou-se, à noite, de sua estalagem, onde, ao chegar, grandemente se admirou de como havia chegado até lá; admirou-se que, sem sua direção, seu cavalo o havia levado e que não caíra durante todo o dia, que passou sob diversos períodos de inconsciência, de considerável duração. Havendo descido, o estalaja-

Como devemos interpretar as experiências de crise?

deiro achegou-se com algum espanto (conhecia-o de viagens anteriores): Senhor, disse ele, está passando mal? Parece como um homem morto. Amigo, replicou, nunca estive melhor em minha vida. Mostre-me meu quarto, mande lavar meu capote, esquente um pouco de vinho para mim e é só isto que desejo hoje. Como pediu foi feito, e uma ceia foi levada ao quarto, na qual não pode tocar; mas pediu às pessoas que não o molestassem ou perturbassem durante aquela noite. A noite inteira passou sem um cochilo de sono, embora nunca tivesse tido um descanso mais doce em toda a sua vida. Ainda a alegria do Senhor transbordava nele, e parecia ser um habitante do outro mundo. Havendo chegado a manhã seguinte, cedo, montou novamente o cavalo, temendo que a distração na estalagem pudesse privá-lo de sua alegria; pois disse não ser dele, sentindo-se como um homem que carrega um rico tesouro consigo e suspeitando que cada *passageiro* possa ser um *ladrão*. Mas, em poucas horas, ficou sensível à descida da maré e, antes da noite, embora houvesse uma celestial serenidade e doce paz sobre seu espírito, a qual continuou longamente com ele, ainda assim os transportes de alegria haviam terminado, e a fina lâmina de seu deleite se havia tornado cega. Muitos anos depois chamava aquele dia de um dos dias do céu, e professava que compreendia mais da luz do céu por ele, do que por todos os livros que já lera, ou discussões que havia imaginado sobre o assunto". Este foi, de fato, um extraordinário antegozo do céu quanto ao grau, mas veio no modo e método comuns de fé e meditação.

O BATISMO DO ESPÍRITO SANTO

Deve-se tomar cuidado, em cada caso, para exercitar nosso sentido de discernimento. O temperamento realmente entra nas experiências deste tipo, o que as faz parcialmente humanas e parcialmente divinas. Lembro que, quando estava no pentecostalismo, tomei-me absolutamente determinado a ter uma experiência, tanto que é impossível dizer até que ponto foi induzida e até que ponto foi genuína. Certamente não estou comparando-a à experiência de Flavel, que nada sabia do movimento pentecostal moderno. Refiro-me à disposição pessoal e intensidade de emoção que é maior em alguns que em outros. Por exemplo, John Bunyan era um homem de sentimentos intensos por natureza. Parecia movido quase ao desespero, pela convicção do pecado. Embora concordando muito com a necessidade de convicção do pecado, especialmente em nossos dias, seríamos tolos em tomar a experiência de Bunyan como normativa. John Flavel é um de nossos escritores Puritanos favoritos. Mesmo assim, devemos descontar a hipérbole ou exagero. É difícil crer que o sangramento que sofreu fosse de Deus. Seu próprio desejo em reter a bênção e sua própria intensidade física podem explicar este aspecto. Marcantes descobertas da beleza de Deus, na maioria dos casos, trazem energia, inspiração e poder. Mas eu não seria dogmático sobre este assunto. As experiências variam e o cuidado em contá-las é sempre sábio. Flavel diz que aprendeu mais da luz do céu por isto que por todos os seus livros juntos. Ficamos felizes que ele não diminuiu a diligência de seus estudos ou o volume de seus escritos. Compartilha conosco sua descoberta da majestade de Deus, mas deixa de fazer qualquer nova doutrina disto. Nem procura colocá-la em qualquer categoria especial, além de chamá-la de um antegozo do céu.

10. UMA EXPERIÊNCIA DE CRISE E DONS ESPECIAIS DO ESPÍRITO

Algumas vezes os crentes se atribuem uma experiência especial do Espírito Santo, que lhes permitiu falar em línguas. Diversos livros foram escritos sobre este assunto[20]. Na nota de rodapé, resumo as conclusões de um destes autores. John P. Kildahl, um psicoterapeuta, fez um profundo estudo do assunto e prática de línguas, durante dez anos, e chegou à conclusão que aqueles com as necessárias características psicológicas podem *aprender* a falar em línguas. Isto, diz ele, esclarece a questão: se for realmente um dom do Espírito Santo, porque necessita ser demonstrado e ensinado?[21] George E. Gardiner, pastor batista nos Estados Unidos e orador da Conferência Bíblica

---

[20] Entre os autores sobre o assunto de línguas estão: Robert G. Gromacki, *The Modern Tangues Movement* (O Moderno Movimento de Línguas), Presbyt. and Ref., 1976. John P. Kildahl, *The Psychology of Speaking in Tangues* (A Psicologia do Falar em Línguas), Hodder, 1972. A. A. Hoekema, *What About Tangue Speaking* (Considerações Sobre o Falar em Línguas), Patemoster, 1966. G. W. Pamell, *Understanding Tangue Speaking* (Entendendo o Falar em Línguas), Lakeland, 1972. Merrill F. Unger, *New Testament Teaching on Tangues* (Ensino do Novo Testamento a Respeito de Línguas), Kregel, 1974. Neste último livro, Merrill F. Unger chega às seguintes conclusões:
  1) As línguas hoje não são apoiadas pela maioria do testemunho do cristianismo bíblico histórico.
  2) Hoje, as línguas são manifestas praticamente de modo universal, em um contexto de doutrina infundada. Proeminentes entre os erros estão (a) o erro de interpretar o batismo do Espírito como uma experiência de poder subsequente à salvação, (b) o erro de igualar o batismo do Espírito com o enchimento do Espírito, (c) o erro de ver o falar em línguas como um sinal ou evidência do batismo do Espírito ou do enchimento do Espírito, (d) o erro de ligar o termo "receber o Espírito" com uma segunda experiência após a salvação, (e) o erro de reduzir o conteúdo e a magnitude da "tão grande" salvação comprada por Cristo, (f) o erro de confundir santificação com uma "segunda obra da graça", (g) o erro de "aguardar pelo Espírito", (h) o erro de esperar por uma experiência pentecostal.
  3) As línguas são hoje uma forte fonte de divisões e incompreensões na igreja.
  4) As línguas não são hoje um incentivo à santidade ou verdadeira espiritualidade.
  5) As línguas hoje correm o risco de convidar à decepção e ao despojamento demoníacos.

[21] Kildahl, p. 74.

afirma que em sua experiência anterior, como um pentecostal praticante, podia fazer qualquer um falar em línguas, desde que submetesse sua vontade a ele[22].

Podemos apenas tratar das afirmativas que são feitas. Não há prova que a experiência reivindicada seja igual ao que lemos na Bíblia, especialmente quando nos lembramos que em Pentecostes as línguas eram inteligíveis. O que podemos dizer é que tais experiências não têm, necessariamente, qualquer ligação com a santidade de vida. É possível que pessoas não regeneradas, como Balaão ou Judas, tenham dons sobrenaturais e ainda assim estejam perdidas. Tendo dito isto, ainda não podemos discutir com qualquer pessoa que atribui a si mesma uma experiência. Tudo o que podemos fazer é observar o testemunho por um período de tempo. Uma pessoa pode alardear uma grande melhoria e atribuir isto à sua experiência, mas os outros podem fazer uma análise diferente. Se há mérito ou crescimento é, em geral, devido a mais estudo das Escrituras.

RESUMO

Vimos que o assunto de experiência é tão amplo quanto é complexa a humanidade. Também vimos que experiências de crise podem ser devido a muitas razões. O que temos considerado não exauriu, nem de longe, a questão. Experiências não categorizadas de todos os tipos são possíveis, dependendo de personalidades e das circunstâncias em que se encontram as pessoas. Em seu livro, *Thoughts on Religious Experience* (Pensamentos sobre Experiências Religiosas), Archibald

---

22 Isto foi afirmado por G.E. Gardiner em um discurso que foi gravado em fita cassete.

Como devemos interpretar as experiências de crise?

Alexander devota vários capítulos a experiências no leito de morte[23]. Algumas são realmente marcantes. Como sempre, uma cláusula precisa ser acrescentada: elas não são para serem tomadas como norma. São registradas para nosso encorajamento, assim como são os extraordinários livramentos providenciais relatados na Escritura e nos anais da História da Igreja; são registrados para que possamos ter ânimo, dar glória ao nosso Deus triúno e levar-nos a ser fiéis a Ele.

---

23 Banner of Truth, 1967.

CAPÍTULO 5

A OBRA DO ESPÍRITO SANTO NO ANTIGO TESTAMENTO COMPARADA AO NOVO

A unidade do Jeová triúno requer alguma ênfase, antes de irmos ao nosso assunto. Se ao menos mantivéssemos uma visão equilibrada da Trindade, seríamos preservados de muitos erros. A maior parte das heresias surgem de enganos conceituais de Deus como Trindade.
Todas as divinas operações são atribuídas a Deus, absolutamente como Um. "Ouve, ó Israel: o SENHOR nosso Deus é o único SENHOR" (Dt 6.4, veja também Is 45.6-22). Mesmo na unidade de seu Ser e obras, a Trindade torna-se visível. Por exemplo, podemos ir até o segundo versículo da Bíblia apenas, para encontrar uma referência ao Espírito de Deus, pairando sobre as águas. O Espírito não é apenas uma influência ou uma extensão do Pai; é uma pessoa, na exata acepção da palavra. A criação do mundo é atribuída como obra tanto do Pai (At 4.24), como do Filho (Jo 1.3), como do Espírito Santo (Jó 33.4). "O Espírito de Deus me fez; e

o sopro do Todo-Poderoso me dá vida". Com certeza notaremos que as três pessoas são uma em essência e indivisíveis em todas as suas operações. Embora haja sempre a unidade de natureza como Deus e a conformidade em todas as ações, há também, muito claramente, a distinção de ofícios. Assim, vemos o Pai como originador, governador, legislador; o Filho como servo, mediador, redentor, intercessor; e o Espírito Santo como regenerador, santificador e aplicador daquela graça que foi predestinada a nós pelo Pai, e conseguida pelo Filho. Assim como há distinção de ofício, também há distinção nas características. O Pai não pode ser visto. Habita numa luz da qual nenhum homem pode se aproximar, ainda menos vê-Lo e sobreviver (1Tm 6.16). O Filho é manifesto pela teofania e encarnação. Pode ser visto e será visto (1Jo 3.2). Enquanto o Filho é considerado em suas características, Ele é, em sua essência, Deus onisciente e onipresente. O Espírito Santo é descrito como sopro (no Hebraico, *Ruah*), ou vento. Seus atributos divinos de onisciência, onipresença e onipotência são especialmente proeminentes (Gn 1.2, Zc 4.6, Sl 104.30).

Tendo estudado sobre a unidade das três pessoas da Deidade, refletiremos agora na magnitude da obra do Espírito no Velho Testamento. O Espírito Santo criou o mundo, preservou a Noé e criou muitas línguas em Babel. Depois, o Espírito realizou os maiores milagres, em uma escala nacional, através de Moisés, mais do que qualquer outro, incluindo Cristo. E quanto a episódios dramáticos e ao poder, quem pode igualar-se a Moisés?

Ainda, no Velho Testamento, o Espírito Santo inspirou um volume de literatura muito mais abrangente e variado que o Novo Testamento. Pense, por um instante, na amplitude dos livros de Isaías, Jeremias e Ezequiel. Lembre-se também dos

A obra do Espírito Santo no Antigo Testamento comparada ao Novo

livros de sabedoria: Provérbios, Jó, Salmos e Eclesiastes. Certamente as Escrituras do Velho Testamento foram acumuladas através de vários séculos, enquanto que as do Novo Testamento foram inspiradas quase dentro de uma única geração.

Quando consideramos os milagres de poder, trazemos à mente as vidas de Elias e Eliseu. Por exemplo, lembre-se do Monte Carmelo e a descida de fogo do céu que devorou, não apenas o sacrifício, mas também o altar.

O Espírito Santo trasladou a Enoque e Elias, fisicamente, para além deste mundo, de modo que não experimentaram a morte. Não sabemos de ninguém em nosso tempo que tenha sido trasladado assim.

Vamos agora da imensidão da obra do Espírito nos tempos do Velho Testamento para outro fator importante. Você já considerou que o caminho da salvação pela fé foi exatamente o mesmo para cada crente, no Velho Testamento, como é para nós? Abraão e Davi foram justificados pela fé (Gl 3.6-9, Rm 4.1-8). A fé exercida por Abraão é descrita em detalhe em Hebreus 11. Este capítulo narra também sobre a fé exercida por Abel, Enoque e Noé. E então há Isaque, Jacó, José e Moisés. Foram todos homens de fé. Raabe, a prostituta, é elogiada por sua fé. A fé é que fez homens como Gideão, Baraque, Sansão, Davi e Samuel serem líderes corajosos. Os nomes dos mártires não são dados, mas houve aqueles que sofreram tanto quanto os muitos mártires cristãos desta dispensação. Lemos de alguns que foram apedrejados e de outros que foram serrados ao meio. A fé que todos estes exerceram, ainda que homens de tempos antigos, patriarcas, líderes, profetas ou mártires, foi uma fé nascida da regeneração. A fé não cresce do solo da decaída natureza humana. "Ora, o homem natural não aceita as cousas do Espírito de Deus, porque lhe são loucura" (1Co 2.14a); isto é tão verdade no período do Velho Testamento como é no período do Novo.

De igual modo, lembramos a famosa afirmativa de Jesus a respeito da necessidade do novo nascimento: "Se alguém não nascer de novo, não pode ver o reino de Deus" (Jo 3.3). Podemos entender isto como significando que não o verá, através do conhecimento; ou podemos entender com o significado de que jamais verá o reino de Deus através da entrada nele. Ambos são verdadeiros. Certamente deve ser afirmado que nenhuma pessoa pode ser admitida no céu, se seu velho coração, mau e não regenerado, não for removido e um novo coração de amor colocado em seu lugar. O ponto principal é que o ódio é trocado por amor. "O pendor da carne é inimizade contra Deus" (Rm 8.7). A mente pecadora (carne) que é inimizade contra Deus foi removida em todos os crentes do Velho Testamento e, após isto, seguiu-se uma obra do Espírito em suas vidas, a fim de fazê-los santos e prepará-los para o mundo por vir.

John Owen, aquele príncipe dos Puritanos, afirma muito bem sobre este assunto, quando declara: "A regeneração pelo Espírito Santo é a *mesma obra*, do mesmo *tipo* (os itálicos são dele), e realizada pelo mesmo poder do Espírito em todos os que são regenerados, ou foram, ou serão regenerados, do início do mundo até o seu final". Continua para afirmar que "os eleitos de Deus não foram regenerados de uma forma, por um tipo de operação do Espírito Santo, sob o Velho Testamento, e aqueles sob o Novo Testamento, de outra forma; o estado é o mesmo, sob o qual os homens são trazidos à regeneração. Nem o é, em sua essência ou natureza, capaz de ter graus, de modo que um pudesse ser mais regenerado que outro. Cada

A obra do Espírito Santo no Antigo Testamento comparada ao Novo

um que é nascido de Deus é igualmente nascido, embora um possa ser mais belo do que o outro, como tendo a imagem de seu Pai celeste mais evidentemente impressa nele, embora não de modo mais verdadeiro.

Os homens podem ser menos ou mais santos, menos ou mais santificados, mas não podem ser menos ou mais regenerados. Todas as crianças que nascem no mundo são igualmente nascidas, embora algumas rapidamente adiantem-se às outras. Houve somente um tipo de regeneração neste mundo, com sua forma essencial sendo especificamente a mesma em todos"[24].

Podemos concluir dizendo que a obra de criar pessoas santas, na vida e na conduta, foi a mesma para os crentes do Velho Testamento como é para os do Novo. Sem santidade nenhum homem verá a Deus: é tão verdadeiro para eles como é para nós. O propósito da regeneração é iniciar uma boa obra que será completada (Fl 1.6). A obra de Deus nunca é frustrada. Descobrimos que todo o tipo de experiências e sensibilidades espirituais a que somos sujeitos são descritas pelos escritores dos salmos, no Velho Testamento. O anseio por Deus era tão desesperador para eles como é para nós (Sl 42), o arrependimento tão profundo e sincero (Sl 51), a alegria tão extasiante (Sl 148), a oração tão urgente e agonizante (Sl 44) e o culto tão intenso (Sl 84).

Bem, então, você pode exclamar: qual é a diferença entre o Velho Testamento e o Novo Testamento? Se, como diz, a obra do Espírito Santo é basicamente a mesma na regeneração e santificação progressiva, em todos os crentes dos tempos do Velho Testamento e dos tempos do Novo Testamento, então

---

[24] John Owen, *Works* (Obras), Vol. 3, pp. 213-215.

que diferença fez o Pentecostes? Porque nosso Senhor deu tanto valor à promessa do Espírito e porque aquela promessa é tão claramente definida, em Gálatas 3.14, dizendo que Cristo nos redimiu "para que a bênção de Abraão chegasse aos gentios, em Jesus Cristo, a fim de que recebêssemos pela fé o Espírito prometido"?

Em resposta a estas perguntas, sugiro que, em primeiro lugar, houve o estabelecimento de uma ordem inteiramente nova, e, em segundo, que houve uma diferença de grau na obra do Espírito Santo, uma diferença em (1) clareza, (2) intimidade e (3) abundância.

Primeiro: uma nova ordem. Pentecostes é o estabelecimento da igreja como o novo povo do pacto de Deus: o corpo de Cristo (Ef 2.11-4.6)[25]. A dádiva do Espírito foi o dom de Cristo à sua igreja. Antes, Cristo compartilhava sua presença corpórea com alguns de cada vez. Agora, pelo Espírito, Cristo está com todo o seu povo, em todas as nações. Mas há uma diferença do Velho Testamento. Ele está com eles agora como o mediador do novo e melhor pacto. Está com eles no poder de sua realização da salvação, em todos os seus aspectos. As línguas como de fogo sobre cada um, em Pentecostes (At 2.3), significam a obra de refino e purificação do Espírito (Ml 3.1-3). João batizava com água; mas Jesus, com fogo e com o Espírito Santo. Jesus não necessitava de purificação. O Espírito Santo desceu sobre Ele na forma de uma pomba. Nós, verdadeiramente necessitamos de purificação e somos lavados pelo sangue de Jesus Cristo derramado por nós (1Jo 1.7-9).

---

25 Richard B. Gaffin, Jr., *Perspectives on Pentecost*, Pres. and Ref., p. 20 ss.

A obra do Espírito Santo no Antigo Testamento comparada ao Novo

Como os evangelhos registram o ato da salvação realizado pelo Messias, assim o livro de Atos registra a vinda do Espírito. Como a morte, ressurreição e ascensão não podem ser repetidas, também o evento memorável de Pentecostes não pode ser reprisado. Como Cristo foi dado ao mundo, assim o Espírito Santo foi dado à igreja, primeiro em Pentecostes. Pode-se ter apenas uma estreia de um evento. Houve os eventos confirmatórios em Samaria, Cesareia e Éfeso, que já observamos em detalhe. Não necessitamos, agora, de qualquer outra prova que o dom do Espírito Santo, na inteireza de sua pessoa e obra, é dado a todo que é unido a Cristo pela fé.

O Espírito Santo veio em Pentecostes para atestar a exaltação de Cristo (At 2.33), para assumir o lugar de Cristo (Jo 14.16-18), para estender o reino de Cristo (At 1.8) e para dar investidura aos servos de Cristo (Lc 24.49). Veio *pousar* em cada um deles. Veio para ficar (At 2.3).

Segundo, consideremos o assunto quanto ao grau. A obra do Espírito Santo no Novo Testamento excede a do Velho Testamento com relação a: (1) clareza, (2) intimidade e (3) abundância.

Quanto a clareza, lembre como os doze demoraram a entender o que Jesus dizia, quando repetidamente os alertou sobre sua morte e ressurreição, que viriam em breve. Após a vinda do Espírito, em Pentecostes, todas as Escrituras do Velho Testamento pareciam cair em seu lugar. O que não era claro antes, agora era como a luz do sol em um dia sem nuvens. Até João Batista, por ter sido contemporâneo a Jesus, foi maior que todos os profetas do Velho Testamento. Podia fisicamente aponta-lo e dizer: "Eis o Cordeiro de Deus que tira o pecado do mundo" (Jo 1.29). Mas, em uma ocasião de

O BATISMO DO ESPÍRITO SANTO

desânimo, João enviou uma mensagem a Jesus, a qual revelou suas dúvidas sobre Ele (Mt 11.2). Quando falamos em clareza de compreensão, o mais humilde crente é maior que João Batista. Com o Novo Testamento nas mãos, podemos compreender o Velho Testamento melhor que os próprios autores dele, quando o escreveram.

Nosso segundo ponto diz respeito à intimidade. Os crentes do Novo Testamento não somente gozam de um conhecimento de Deus muito mais claro, mas também estão à frente com relação ao assunto de íntima união e comunhão com a Trindade. Isto é especialmente delineado para nós em Romanos 8. Através de Cristo Jesus, nossas mentes são agora controladas pelo Espírito. Ele é chamado o Espírito de adoção por causa da segurança e alegria que gera dentro de nós, como filhos e filhas de Deus. Adoção representa o ápice de nosso privilégio, à medida que o amor de Deus é derramado em nossos corações (Rm 8.15, 16, Gl 4.6).

Há progressão na experiência de nossa adoção e gozo do amor complacente do Pai (Jo 14.23) - uma progressão do Velho Testamento ao Novo Testamento e então, mais além, uma progressão no mundo por vir. A progressão desta época àquela, do mundo futuro, é acentuada pela ressurreição, conforme é descrito em 1 Coríntios 15. No versículo 20, a ressurreição de Cristo é chamada de primeiros frutos. O Pai realizará para todos os crentes o que fez para Cristo, isto é, glorificará seus corpos em uma ressurreição corporal. Serão, assim, equipados como cidadãos da Nova Jerusalém.

Ali verão a Cristo. E verão o Pai através do que chamamos de "a visão beatífica". Este é o mais elevado aspecto de bem-aventurança, pois os crentes ficam face a face com a infinita fonte de toda bem-aventurança. Não é uma visão do Pai, com os olhos, ou o avistar de alguma forma ou contorno, ou de uma brilhante luz, mas o ver com a totalidade da alma a inenarrável glória do Pai, em todos os seus atributos. É como se assimilasse o amor de Deus com a totalidade da mente, o *amor intellectualis Dei*; a perfeita compreensão, a admiração ao Pai, e o nosso amor recíproco a Ele como Ele nos ama, completamente, dentro do novo universo, da nova terra, da nova cidade e das novas mansões em que nos colocou. Este entrelaçamento de todas as coisas, e o relacionamento delas com o Pai e o Filho em seu amor para conosco, é o ápice do mundo eterno que é nosso[26].

Deste pensamento de progressão, retornamos especificamente ao contraste entre o Velho Testamento e o Novo Testamento. Há uma objeção válida que deve ser respondida, e que pode ser expressa desta forma: Sim! Aceito que há uma maior intimidade de união e comunhão com o Deus triúno agora que no Velho Testamento, e certamente concordo que isto será vastamente aumentado no mundo por vir, *mas* como se explica a íntima comunhão com Deus gozada por Moisés, Samuel, Elias e Daniel? E como se explica a extraordinária intimidade de comunhão com Deus, refletida em alguns dos salmos, como o 16, 63 e 86? E quanto ao salmo 103, que fala de nossa adoção e do grande amor de Deus para com seu povo? Minha resposta a estas perguntas é a seguinte: é verdade que algumas pessoas no Velho Testamento foram elevadas à mais íntima comunhão com Deus, especialmente aquelas

---

[26] John Gerstner, *Jonathan Edwards on Heaven and Hell*, Baker. Edwards desenvolve estes temas em detalhe sob os títulos: "O raciocínio sobre o céu" e "A visão beatífica", p. 41 ss.

que foram escolhidas para serem instrumentos de revelação e autores dos infalíveis e santos escritos. No entanto, estas exceções não representam a generalidade dos crentes, no Velho Testamento. Para ilustrar este ponto, alguns dos juízes foram aprovados por sua coragem, mas suas vidas não refletiram a ternura, a compaixão e a sensibilidade que fluem da mais íntima união e comunhão com o nosso Deus triúno.

O terceiro ponto de contraste, com respeito à transição do Velho Testamento ao Novo Testamento, é o de *abundância*. No Monte Carmelo, Elias orou fervorosamente a fim de que Deus fizesse retroceder os corações do povo. Seu desejo era que se arrependessem (1Rs 18.37). Estava amargamente desapontado, porque percebeu que a atitude endurecida de Jezabel era típica dos outros. Em comparação, pense na grandiosa conquista de almas, quando o Espírito Santo foi derramado em Pentecostes. Havia uma abundância, tanto em número de pessoas envolvidas quanto na diversidade dos povos representados. Havia também abundância de alegria e segurança de salvação. O Pentecostes pode ser assemelhado ao rio de água viva, descrito por Ezequiel (capítulo 47). Saiu debaixo da soleira do templo e, então, parecia miraculosamente aumentar em volume, trazendo vida a áreas mortas em toda a parte. Cumprida estava a promessa de nosso Senhor, quando levantou a voz no templo e disse, em palavras bem audíveis: "Se alguém tem sede, venha a mim e beba. Quem crer em mim, como diz a Escritura, do seu interior fluirão rios de água viva" (Jo 7. 37,38).

Continuaremos o estudo desta característica, de abundância e aumento, no próximo capítulo, que é amplamente dedicado ao assunto de reavivamento.

CAPÍTULO 6

REAVIVAMENTO

Batismo é uma poderosa expressão, denotando integralidade. A palavra é usada como uma metáfora para significar alguma coisa irresistível, como uma enchente (1Pe 3.20,21), ou ser tragado, como foi nosso Senhor com o sofrimento (Mt 20.23). É usado como uma experiência para denotar tão grande mudança que traslada a pessoa de um reino para outro e à união com outro (1Co 10.22). Como uma ordenança, de igual modo, o batismo cristão simboliza uma união que é completa, junto com um lavar que é completo, que é de todo o corpo (Rm 6.1-4, Hb 10.22). Assim, de acordo com seu significado, devemos compreender que quando foi dito que nosso Senhor "batizará com o Espírito Santo e com fogo", significou que alguma coisa avassaladora aconteceria.

O evento apontado foi Pentecostes. "De repente veio do céu um som, como de um vento impetuoso, e encheu toda a casa onde estavam assentados. E apareceram, distribuídas entre eles, línguas como de fogo, e pousou uma sobre cada um deles" (At 2.2,3). Assim foi cumprida a promessa de nosso Senhor, de batizar com o Espírito Santo e com fogo.

O som, como de um vento, e as línguas, como de fogo, são detalhes singulares. Uma das razões deste evento foi proclamar o fato que o Espírito havia sido dado à igreja pelo Senhor Jesus. Somente Deus pode dar Deus. Somente o Pai poderia enviar Cristo ao mundo (Jo 3 .16). Somente Cristo poderia enviar o Espírito Santo ao mundo. O Pentecostes é uma impressionante prova da divindade de Jesus.

Lemos que o resultado da vinda do Espírito Santo, de modo audível e visível, foi que foram todos cheios com Ele. "Todos ficaram cheios do Espírito Santo" (At 2.4). Representantes de, pelo menos, quinze nações ou áreas profundamente diferentes ouviram o evangelho em sua própria língua.

Há um aspecto no uso da palavra batismo ao qual se deve fazer referência: o seu caráter iniciatório. Somente se é batizado em Cristo uma vez. Cristo passou pelo batismo do sofrimento uma vez. Depois de ser exaltado à direita do Pai, Ele enviou o Espírito Santo, pela primeira vez, em Pentecostes. Somente pode haver uma primeira vez, como também só pode haver um batismo.

Pela primeira vez, o Espírito Santo veio para mostrar a glória exaltada de Cristo aos crentes, em cumprimento de João 16.14. Pela primeira vez, Ele veio na plenitude da vitória e da ressurreição gloriosa de Cristo.

A principal mensagem de Pentecostes foi que o Espírito Santo foi dado à igreja. Ele foi a dádiva de Cristo a toda a igreja até o final dos tempos, mediante o significado da reversão da maldição de Babel. A dádiva do Espírito Santo é para cada um que crê, até o final dos tempos, sem consideração de língua ou nação. Ele, o Espírito Santo, é a dádiva de Cristo a nós, a nossos filhos, e àqueles mais distantes de nós, separados por milhares de quilômetros, separados por línguas estranhas, a quantos o Senhor nosso Deus chamar.

O USO RESTRITO DO TERMO BATISMO NO NOVO TESTAMENTO

Nunca é dito de qualquer pessoa, nos escritos do Novo Testamento, que ele ou ela foi batizado com o Espírito Santo. Esta restrição da palavra é particularmente percebida no caso de Paulo. A expressão usada é "cheio" (At 9.17). Em todos os seus escritos, nunca, jamais, ele se refere a ser batizado com o Espírito. Se, como alguns afirmam, tudo na vida cristã depende de uma experiência inicial de fogo, como poderia Paulo deixá-la de lado? Não é como se deixasse de contar as suas experiências espirituais. Ele testifica das revelações que lhe foram dadas. Estas revelações e muitos dons espirituais não vieram de uma vez, como é evidente de 2 Coríntios 12.

Além de Atos 1.5 e 11.16, o único outro lugar em que o termo batismo é usado, em Atos e nas epístolas do Novo Testamento, em conexão com o Espírito Santo, é 1 Coríntios 12.13.

Tanto a diferença quanto a conexão, entre o Pentecostes e o batismo de 1 Coríntios 12.13, deveriam ser notadas. A diferença é que o batismo no corpo de Cristo se refere à regeneração do crente junto ao aspecto experimental de beber do Espírito, enquanto o Pentecostes se refere ao corpo como um todo. Em 1 Coríntios 12.13, a referência é a cada membro do corpo de Cristo, individualmente, que foi feito nova criatura pelo Espírito (Ef 2 .10, 2Co 5.17), teve seu coração de pedra removido e recebeu um novo coração, onde estão inscritas as leis de Deus. Ele é unido a Cristo e ao mesmo tempo incluído no corpo da igreja. Tudo isto pela ação do Espírito Santo, que lhe foi dado, para habitá-lo inteiramente, trabalhar nele e transformá-lo (Hb 13.21, Rm 12.2). A magnitude desta obra é merecedora do termo batismo do Espírito. Como apontei antes, este é o único lugar onde o batismo do Espírito é usado com referência a pessoas (a não ser que incluamos Efésios 4.5, Romanos 6.1-5 e Gálatas 3.27).

A ligação entre Pentecostes e cada crente individualmente, referida em 1 Coríntios 12.13, pode ser assim expressa: O Pentecostes significou a dádiva do Espírito Santo na totalidade de seu ser à igreja inteira, até o fim dos tempos; o batismo de cada crente pelo Espírito no corpo da igreja assegura àquela pessoa o ser unida, em todos os aspectos, com as três pessoas da Trindade e com todas as demais pessoas nascidas de novo.

O ASPECTO EXPERIMENTAL DE PENTECOSTES E O QUE SIGNIFICA PARA NÓS, HOJE, O SER CHEIO DO ESPÍRITO

O Pentecostes foi claramente uma experiência espiritual de extraordinárias proporções. Quanto ao que conhecemos, ninguém pode, desde aquele dia até hoje, atribuir a si mesmo todas as dimensões incluídas no Pentecostes como uma experiência - línguas, como de fogo, som, como de um vento, e poder linguístico instantâneo e coerente. Já nos referimos ao fato que a natureza singular do evento requeria ênfase especial. Se não podemos esperar uma repetição exata, o que podemos esperar? A descrição, "todos ficaram cheios do Espírito Santo", fornece a resposta. Encher-se do Espírito é uma responsabilidade que pertence a cada crente. Paulo exorta todos os cristãos a serem cheios do Espírito. Esta exortação vem no contexto de submissão um ao outro, relações de casamento, gratidão a Deus e cântico de louvores (Ef 5.18-20). Não há situação, desafio ou tribulação, neste mundo, em que o cristão não possa ser cheio do Espírito. Para a proclamação do evangelho aos contestadores, Pedro foi cheio do Espírito (At 4.8). Todos os discípulos foram cheios do Espírito, durante a reunião de oração relatada em Atos 4. 31. Para a desagradável tarefa de julgar um inimigo do evangelho, Paulo foi cheio do Espírito Santo (At 13.9).

Não há oração mais anelante do que a expressa em Efésios 3.19: "Para que sejais tomados de toda a plenitude de Deus". O significado disto pode ser deduzido do contexto e das orações paralelas, de Efésios 1.15-22 e Colossenses 1.9-14. O Espírito Santo é chamado de Espírito de sabedoria e revelação (Ef 1.17), que é capaz de mostrar-nos o significado completo do amor de Cristo (Ef 3.18,19), e dar-nos um conhecimento da vontade de Deus, com sabedoria espiritual e entendimento (Cl 1.9). Ele, o Espírito de sabedoria e revelação, é também apto a fortalecer os crentes com todo seu glorioso poder, a fim de que exerçam grande resistência e paciência.

Tem havido uma tendência a confinar o poder do Espírito Santo aos heróis da proclamação do evangelho, mas estas orações apostólicas se referem às batalhas diárias da vida que requerem sabedoria, resistência e paciência. Para todas as situações, os crentes devem estar cheios do Espírito Santo. Até em conflitos e tribulações é possível serem cheios do Espírito Santo e de alegria.

Algumas vezes, é dada a impressão que ser cheio do Espírito é abandonar o auto controle, perder todas as restrições, deixar todas as inibições e ser arrastado em êxtase ou euforia. Para alcançar este objetivo, corinhos são, às vezes, repetidamente cantados. As pessoas são exortadas a levantar as mãos e a entregarem-se a uma crescente onda de emocionalismo que se move em direção a um clímax.

O Espírito Santo opera diferentemente. Não exige uma mente vazia; ao contrário, enche e controla a mente. Traz ordem e profundidade ao conhecimento, às afeições e às emoções. Foi enganoso acusar os discípulos de estarem bêbados, cedo, no dia de Pentecostes. Pelo Espírito, eles tinham um total auto controle. Demonstraram isto por seu discernimento, iniciativa, coragem e habilidade. O álcool é destruidor dos sentidos, mas o Espírito Santo é construtivo. Tomar drogas leva a um abandono do intelecto e ocasiona sentimentos exuberantes que não têm substância. Do mesmo modo, em reuniões religiosas em que as emoções são exacerbadas, cria-se um vácuo. Isto é contrário à mente do Espírito.

O contexto de Efésios 5.18 ("E não vos embriagueis com vinho, no qual há dissolução, mas enchei-vos do Espírito") concerne ao viver santo no casamento, no lar e no trabalho. Ser cheio do Espírito é ser como José ou Daniel, em toda a administração de negócios e nos relacionamentos com todos os outros. Efésios 5.18 é paralelo a Colossenses 3.16. Isto significa que ser cheio do Espírito Santo é ser cheio de agradecimento a Deus, é cantar louvores com salmos, hinos e cânticos espirituais, e estar pronto a submeter-se a toda ordem de autoridade criada por Deus. Nenhuma destas funções pode ser exercida na prática, se a mente estiver vazia.

O enchimento do Espírito Santo leva ao aprimoramento e alargamento dos poderes do intelecto e ao discernimento, à melhoria da memória, eficiência na execução do trabalho, ao aquecimento das afeições, ao aumento do zelo, e ao aumento geral no fruto do Espírito, descrito em Gálatas 5.22.

PENTECOSTES E REAVIVAMENTOS

Não somente Pentecostes foi singular quanto ao cumprimento da promessa, com relação ao fenômeno de som, como de vento, e línguas, como de fogo, e ao lugar e composição do grupo de pessoas presentes, mas foi único também quanto ao poder que fluiu dentro e fora do evento. Três mil pessoas foram acrescidas à igreja. O reavivamento samaritano, em Atos 8, maravilhoso como foi, dificilmente pode ser comparado ao Pentecostes. Os outros casos também não chegaram a igualarem-se ao Pentecostes. Refiro-me a Cornélio e aos de sua casa e ao evento de Éfeso, em Atos 19.

Mostrei que o Novo Testamento nunca se refere a uma pessoa ser batizada com fogo e o Espírito Santo, e que não há uma sugestão sequer de que devemos construir uma doutrina de experiência, privada e individual, de batismo do Espírito, com fundamento em Pentecostes. O Pentecostes foi, ao contrário, uma questão corporativa, e parece que temos aqui um fundamento para uma doutrina de reavivamento. Com relação a derramamentos do Espírito, poderosa pregação e reavivamentos de multidões, o Pentecostes é um protótipo. Discutimos adequadamente a singularidade do dia de Pentecostes, mas que dizer dos reavivamentos acontecidos na história? Certamente é correto dizer que, os reavivamentos relatados no livro de Atos foram uma extensão da poderosa obra do Espírito, vista pela primeira vez em Pentecostes. Houve reavivamentos no Velho Testamento em que a pregação foi proeminente e muitas pessoas foram profundamente movidas. O reavivamento em Boquim é um exemplo (Jz 2.1-4) e também o mover espiritual do povo, estimulado por Esdras (Ed 8, 9 e 10). Os reavivamentos que se seguiram ao Pentecostes têm as mesmas qualidades, acrescentados da pregação de Cristo crucificado, ressuscitado e exaltado. Em geral, foram precedidos por oração intercessória, frequentemente por pequenos grupos de cristãos fiéis. Estes perseveraram e algumas vezes acrescentaram o jejum a seus exercícios espirituais. Os reavivamentos aconteceram através das ministrações normais da Palavra. A característica mais marcante nos reavivamentos é a profundidade a que os despertados são convencidos de pecado, até ao ponto de agonia espiritual. Este convencimento de pecado, justiça e juízo, pelo Espírito Santo de Deus, é a maior necessidade de nossos tempos.

Seria sábio e benéfico, se as igrejas hoje retomassem aos antigos meios de buscar o reavivamento, com a atenção não tanto na procura por uma experiência pessoal sensacional, mas, sim, pelo derramamento do Espírito no despertamento dos perdidos. Recomendo livros como o relato de MacFarlan, sobre os reavivamentos no século 18, particularmente em Cambuslang, e também o registro *Authentic* (Autêntico) de reavivamento que descreve o reavivamento de 1859, em que 39 ministros dão testemunhos pessoais de reavivamento. Estes volumes foram publicados por Richard Owen Roberts, de Wheaton, Illinois. O Sr. Roberts também publicou um livro, descrevendo reavivamentos em muitas partes dos Estados Unidos, de 1815 a 1818. Mais de cem relatos são incluídos. Uma típica descrição, extraída do relato do reavivamento em Sag-Harbour, Long Island, lhe dará uma ideia do poderoso movimento do Espírito em épocas de reavivamento:

Sag-Harbour (Long Island). Em meados de outubro de 1815, o Espírito foi copiosamente derramado do alto. Antes deste período, prevaleceu uma temporada de terrível deterioração. Um sono de morte parecia haver tomado conta tanto dos santos como dos pecadores. A igreja estava vestida de panos de saco; parecia desprezada e desolada. Seu estado era melancólico: poucos, muito poucos vinham a suas festas solenes; seus filhos estavam desencorajados; como Israel numa terra estranha, pareciam haver terminado seu cântico, pendurado suas harpas nos salgueiros, e se assentado para morrer. A cena era verdadeiramente escura e de maus presságios, e se tornava mais e mais assim a cada dia. *Ó, minha pobreza! Ó, minha pobreza!* era o grito de todo verdadeiro filho de Deus. Os maus abriam seus lábios contra o céu; o vício, com ousadia gigantesca, marchava pelas ruas; a quebra do dia do Senhor, comportamento profano e intemperança ameaçavam acabar com todo o vestígio de religião: as Escrituras mofavam na estante; as ordenanças eram estéreis, e o Espírito de oração parecia haver alçado seu eterno voo para o céu. Aquele lugar era realmente *um vale de ossos secos*. O pastor Gardiner, ministro do lugar, parecia subir a um monte vizinho a fim de vistoriar, com angústia, as ruínas esbranquiçadas que jaziam abaixo; seu coração descaía ante a perspectiva; e exclamou, na linguagem do profeta: *Poderão reviver estes ossos?* Apenas havia findado a exclamação, quando, para seu total espanto, o hálito *dos quatro ventos* sobreveio; os inertes começaram a se mover - os mortos a viver. A cena mudou: o povo de Deus começou a acordar; seus corações foram confortados. A forte expectativa de que o Senhor estava por aparecer em sua glória e reconstruir a Sião, estimulou-os a súplicas fervorosas, a esforços vigorosos.

Multiplicaram-se as reuniões para estudos bíblicos e orações. A conversa religiosa foi introduzida; a atenção de toda a congregação foi logo despertada. O lugar de culto ficou repleto; o silêncio reverente permeou a assembleia; a seriedade da eternidade estampou-se em cada semblante. Todo ouvido foi aberto, todo olho fixado, enquanto a verdade de Deus pareceu descer fundo em cada coração. Os perversos foram barrados; as consciências de muitos foram despertadas. O destemor surpreendeu o hipócrita; pecadores em Sião tremeram. A pergunta ansiosa foi feita: *Que devo fazer para que seja salvo?* Os terrores da lei se apoderaram dos corações de muitos. O trabalho do Senhor aumentava diariamente; *pecadores foram nascidos de Deus*. As portas das prisões foram escancaradas, as correntes lançadas fora; e muitos, salvos do jugo de satanás, foram levados a regozijar-se na liberdade do evangelho.

O trabalho progrediu gradualmente até meados de dezembro, quando o Senhor parecia levantar-se em seu poder, e mostrar o seu braço. Seu Espírito, agora como *um poderoso vento impetuoso*, parecia varrer tudo diante dele: os jovens, os de meia-idade e o homem de anos caíram prostrados ao pé da cruz! Diversas vezes, o grito por misericórdia e o canto de louvor, vibraram aos ouvidos, ao mesmo tempo. Os passos de Emanuel foram ouvidos em cada família, e seu poder sentido por quase todo coração. Os do povo de Deus, que haviam testemunhado diversos reavivamentos, cheios de admiração, diziam frequentemente que jamais haviam visto um dia como este antes. Quando se encontravam, havia um cordial aperto de mãos e um sorriso de alegria; enquanto todo outro sentimento da alma parecia submergido no amor mútuo. Tão enlevante era a cena, e tão grandiosas eram as alegrias de alguns cristãos mais idosos, que pareciam quase crer que a gloriosa manhã do último dia havia começado.

Naquela época de poder divino, quando Cristo avançou de conquista a conquista, cento e vinte pessoas, no curso de dois meses, expressaram sua esperança de haver passado da morte para a vida. Estes eram de todas as idades, de doze a oitenta anos. Este trabalho foi admiravelmente quieto e solene. A obra de convicção continuou, na maioria dos casos, por uma a três semanas, antes que os afetados recebessem luz divina e conforto. O véu de pecado e trevas que cobria seus corações foi, em muitos casos, retirado num momento, e a luz do *Sol da retidão*, como uma enchente, derramou-se sobre a mente que antes estava às escuras; enquanto em outros casos, apenas se viu reluzir *o dia, vindo do alto*, e a noite da alma foi gradualmente afastada, como as sombras da manhã. Todos ficavam abismados por sua antiga estupidez e perigo. Foram compelidos a pensar no fato que Deus não os havia podado, como galhos secos de uma videira, e os enviado à miséria eterna.

Um livro semelhante a este, do qual se tomou o extrato acima, descreve 25 reavivamentos diferentes que aconteceram na Nova Inglaterra, durante o período de 1797 a 1814. Devemos a Richard Owen Roberts este livro, assim como um menor, de 148 páginas, descrevendo um reavivamento que houve em Boston, Estados Unidos, em 1842. A editora The Banner of Truth recentemente publicou *Historical Collections of Accounts of Revivals* (Coletânea Histórica de Relatos de Reavivamentos), de John Gillies. Este é um enorme livro de 560 páginas, impresso em duas colunas e tipo pequeno. O título é um tanto enganoso, pois a maior parte do livro é de biografias. Muito terreno é coberto, em geral dos séculos XVI ao XVIII e muitos relatos de reavivamento são incluídos. É bem conhecido o livro *Lectures on Revivals* (Conferências Sobre Reavivamento), de Sprague. Seu apêndice de 162 páginas consiste em 20 cartas escritas em 1832, por ministros que experimentaram reavivamentos. O livro é publicado pela editora The Banner of Truth.

É muito importante notar que nestes reavivamentos do passado, almas foram acrescentadas, não pela inclusão de cristãos de outras igrejas, mas por conversões do mundo não crente. Em um reavivamento genuíno, todas as igrejas evangélicas prosperam e são aumentadas, e não apenas uma delas às custas de todas as outras. O reavivamento na cidade de Boston, Estados Unidos, de setembro de 1841 a setembro de 1842, dá-nos um típico exemplo. O aumento por conversões foi como segue:

- 14 igrejas congregacionais tiveram aumento de membros de 3.902 para 5004. (Uma igreja dobrou de 105 para 210 e outra aumentou de 56 para 182).
- 9 igrejas batistas aumentaram seus membros de 2817 para 4161. (A igreja batista mais afetada cresceu de 161 para 287).

- 6 igrejas episcopais aumentaram de 1131 para 1336.
- 9 igrejas metodistas episcopais aumentaram de 1429 para 2630.

Boston gozou uma história de reavivamento desde os dias do Sr. Cotton, na sua fundação. Anteriormente ao grande Despertamento em 1740, houve um declínio no arminianismo. A pregação de George Whitefield foi uma bênção para multidões em Boston, mas ainda maior poder foi exercido através do ministério de Gilbert Tennent, que irrigou o que Whitefield plantara. Um ministro, um Sr. Cooper, relatou que mais pessoas vieram a ele, em profunda preocupação, em uma semana do que nos 24 anos de seu ministério anterior! Ao final de três meses, 600 tinham vindo vê-lo; enquanto um outro ministro recebeu 1000 pessoas, incluindo meninos e meninas, rapazes e moças, chefes de família, idosos, índios e negros.

Logo antes do reavivamento de 1842, houve muita oração sincera e específica, por crentes profundamente preocupados. As igrejas congregacionais haviam lutado com um declínio em padrões doutrinários, tendo introduzido erro que seus antepassados Puritanos considerariam como subversivos ao evangelho. O reavivamento realizou uma transformação, não somente nas vidas, mas na devoção à verdade. Não relatei os detalhes sobre o crescimento das igrejas Batistas Livres, em Boston; nem das congregações de língua alemã, ou nas áreas ao redor da cidade. Estes relatos são registrados em detalhe no livro publicado pelo Sr. Roberts. Todas as igrejas daquela cidade, as quais pregavam o evangelho, parecem se haver beneficiado do reavivamento.

O BATISMO DO ESPÍRITO SANTO

A ATUAL E URGENTE NECESSIDADE DE REAVIVAMENTO

Vimos que o Novo Testamento coloca grande ênfase na conversão. Os convertidos são ensinados a construir suas vidas nos grandes fundamentos doutrinários de justificação pela fé, união com Cristo, adoção pelo Pai e o ministério do Espírito Santo que habita neles. Vimos também que os convertidos não são instados a procurar uma experiência de batismo pós-conversão e também que não há base para a ideia que uma experiência pentecostal garanta vida espiritual em um nível mais alto daí para a frente. Nenhuma especificação é fornecida para testar uma experiência de crise. Não temos qualquer informação sobre os efeitos no corpo. Um formigamento sentido em todo o corpo pode ser induzido por diferentes meios, incluindo música. Sem dúvida, uma variedade de sensações pode ser produzida por outros meios, mas não temos métodos com que testar uma experiência individual de crise. Isto é algo subjetivo. Muito misticismo pode entrar nela. O que sabemos é que o Espírito Santo pode cair sobre, ungir ou encher um servo de Deus. A realidade disto pode ser posta à prova, observando os resultados práticos. Podemos ver o que a vida cheia do Espírito é pelo fruto que advém dela.

Também vimos que há diferentes tipos de experiências. Alguém pode ter uma experiência celestial como o Puritano John Flavel relatou, e outros podem experimentar fortalecimentos para o ministério, como D.L. Moody e R.A. Torrey testemunharam. Em meu julgamento, não é útil incutir um conceito preconcebido do batismo do Espírito nestas experiências, mesmo que os envolvidos possam haver usado esta terminologia. Creio que a igreja dos dias atuais será infinitamente melhor instruída, se voltarmos às ênfases e à terminologia de nossos antepassados Reformados e Puritanos, que enfatizavam a importância do reavivamento e buscavam o despertamento espiritual pela oração e jejum. Em nossa igreja temos uma reunião semanal de oração devotada especialmente à intercessão pelo reavivamento - isto é, reavivamento em nós, pessoalmente, em nossa própria assembleia, em nossa nação, e às mais longínquas partes do mundo. Nestas reuniões lemos dos registros de reavivamentos, mas sempre damos preferência aos detalhes dos reavivamentos de hoje, como o da Província de Quebec, Canadá.

Em todos os relatos referidos, nunca encontramos um registro de alguém predizer antecipadamente um reavivamento, o que seria equivalente a conhecer a vontade secreta de Deus (Dt 29.29). No Velho Testamento, qualquer um que fizesse predições falsas era sujeito à pena de morte. Se somente a natureza da seriedade da falsa profecia fosse cuidadosamente considerada, evitaria muita tristeza e confusão. O que é mais impressionante em todos os relatos de reavivamentos é a consciência do sentido da santidade de Deus, a natureza atemorizante da justiça de Deus, a convicção do pecado e a maravilha do caminho de salvação pelo sangue remidor de Cristo - estas são as qualidades principais. Muitos dos que experimentaram o reavivamento no passado criam no que chamavam de a glória dos últimos dias, ou, a brilhante manhã de Sião. Criam que o evangelho finalmente triunfaria através do mundo, sem considerar a enormidade dos inimigos colocados contra ele. Criam que o Pentecostes

O BATISMO DO ESPÍRITO SANTO

foi o primeiro reavivamento do Novo Testamento, que seria seguido por derramamentos do Espírito através da história, e finalmente, em tal escala que as predições do reino glorioso do Messias, no Velho Testamento, seriam cumpridas. Creio que há uma bem fundamentada base bíblica para tal otimismo. Nossa ambição deverá sempre ser a glória de Cristo. O Espírito Santo glorificará o Filho. Experiências, se genuínas, levarão a atitudes teocêntricas, e não- egocêntricas; levarão à humildade no lugar da exaltação do ego. Quando o Espírito Santo é dado, nossa experiência do amor de Deus por nós, e de nosso amor por Ele é intensificada (Rm 5.5). Ninguém pode ser levado à vida com Cristo, sem experimentar uma tremenda mudança que ressoa através de todo seu ser. O resultado experimental do novo nascimento ocupa a totalidade da futura vida da pessoa. Ela não somente experimenta alegria inexprimível, mas aqueles envolvidos em observar a transformação espiritual daquela pessoa são também profundamente atingidos. Um reavivamento que impele muitos ao Reino de Deus é como o céu na terra.

Não podemos controlar o Espírito de Deus. Ele é tão soberano quanto o vento (Jo 3.8). Ele virá, em reavivamentos, até o fim dos tempos, ativando as preparações para eles, cumprindo-os e, depois, construindo sobre eles. Seja em uma larga escala ou em escala pessoal, a soberania do Espírito Santo precisa ser respeitada. Temos a responsabilidade de ser cheios do Espírito (Ef 5. 18), o que significa que não devemos entristecê-Lo (Ef 4. 30), mas fazer tudo para agradá-Lo. Nunca podemos controlá-Lo. Ele é divino. Há ocasiões quando estamos muito fracos e sem estímulos a oração e ainda Ele vem poderosamente. Em outras ocasiões, apesar de havermos sido responsáveis e fiéis em usar todos os meios de graça a nosso dispor, ainda vemos que somos débeis. Não há nada automático em nosso relacionamento à pessoa do Espírito Santo. Podemos agradar a Deus e trazer sobre nós o seu amor complacente (Jo 14.21-23), mas ninguém, nem mesmo os "Elias" da igreja, podem controlar o poder de Deus. Os mais ilustres pregadores descobriram ocasiões e enfrentam períodos em que o vento não soprou. As ocasiões em que o Espírito soprou sobre as igrejas deveriam nos dar encorajamento para orar sem cessar.

> Ó sopro da vida, vem soprar sobre nós,
> Revifica tua igreja com vida e poder,
> Ó sopro da vida, vem, lava, renova-nos.
> E equipa tua igreja para encontrar esta hora.

Nesta hora, nossos vizinhos são os povos famintos da África, os oprimidos pelos regimes ditatoriais na América do Sul, irmãos perseguidos nos países muçulmanos e pelos regimes comunistas. Nesta hora, nossos vizinhos estão submersos pelo pensamento da sociedade secular e dominados pelos princípios da evolução e do humanismo. É hipócrita orar por reavivamento, se nossa sinceridade não é evidenciada pelo viver cristão consistente e pelo genuíno esforço evangelístico e boas obras. A oração por reavivamento é especialmente a prerrogativa daqueles que trabalharam durante toda a noite, que colocaram bem suas redes e que aguardam o resultado; e a expectativa daqueles que labutaram longamente nos campos, semearam a semente e agora aguardam a colheita. Isaías 58 é a passagem negligenciada sobre o reavivamento.

O BATISMO DO ESPÍRITO SANTO

... não é este o jejum que escolhi,
que soltes as ligaduras da impiedade,
desfaças as ataduras da servidão,
deixes livres os oprimidos e despedaces todo jugo?
... que repartas o teu pão com o faminto,
recolhas em casa os pobres desabrigados...
... então a tua luz nascerá nas trevas,
e a tua escuridão será como o meio dia.

APÊNDICE:

A IMPORTÂNCIA DA REVELAÇÃO PROGRESSIVA

Fundamental ao que consideramos é a questão da revelação progressiva no Novo Testamento (veja o prefácio). Há atos que não são repetitórios, tais como a encarnação de nosso Senhor, o dar o Espírito Santo, em uma nova dimensão, a seus discípulos, pelo soprar sobre eles (Jo 20.22), e a incorporação na igreja de grupos de gentios, pela primeira vez (veja cap.3). Temos de ir mais longe e encarar a seguinte questão: se os apóstolos, profetas e os extraordinários poderes com que eram dotados são normativos para a igreja hoje ou não. Junto com a questão do batismo do Espírito, nada há mais relevante ou controvertido para o evangelismo do que esta questão. O debate é ainda recente. No curso da História da Igreja, outros assuntos foram esclarecidos. Não é difícil antecipar que este também o será. O propósito deste apêndice é simplesmente referir-se à importância da Teologia Bíblica (o estudo da revelação progressiva), porque é esta ciência que resolverá a questão. Há estudos em preparo que serão de interesse daqueles preocupados com o assunto.

O BATISMO DO ESPÍRITO SANTO

De excepcional valor é o trabalho de Don Garlington, pastor da Igreja Batista, Langley Green, de Durham, Inglaterra. Na Conferência de Carey para ministros, em Swanwick, em 1984, ele leu um trabalho sobre a progressão da revelação no Novo Testamento. O fruto deste trabalho está, no momento, sendo publicado em *Reformation Today*. O primeiro da série de artigos sobre revelação progressiva no Novo Testamento apareceu em *Reformation Today*, nº. 78. É básica para nossa compreensão do assunto a observação de que o Novo Testamento muda de um assunto para outro, mas é igualmente verdade que, diferentemente do Velho Testamento, é uma época em si e não duas ou mais épocas (o uso da palavra época é útil, pois não queremos ser confundidos pelo velho dispensacionalismo que era correto em algumas de suas suposições mas errado em suas inflexíveis e arbitrárias conclusões). As épocas do Velho Testamento são distintas umas das outras. O tempo de Abraão não é o mesmo de Moisés e o tempo de Moisés é diferente da época de Samuel. Novamente, uma distinção pode ser feita entre os profetas pré-exílio e pós-exílio. Se bem que distintos, estes períodos ou épocas não são isolados um do outro. Um corre para dentro do próximo.

Estes princípios se aplicam ao Novo Testamento, exceto que temos uma só época. Mesmo assim, progresso e transição são observados dentro daquela época. Por exemplo, há o movimento de João Batista até o ponto onde Jesus toma o lugar de João, e então, novamente, onde os apóstolos tomam a liderança de Jesus e, ainda, onde presbíteros começam a assumir a tarefa dos apóstolos e profetas. Dentro destas transições há a principal transição do Espírito Santo, assumindo o lugar de Cristo (Jo 14.16-18).

Apêndice: A importância da revelação progressiva

Ao nos movermos dos evangelhos para o livro de Atos, e daí para as cartas de instrução, e finalmente ao Apocalipse, ouvimos Deus dizendo mais. Observamos a verdade ficando mais clara. Isto não quer dizer que as seções anteriores fossem menos valiosas ou, por isto, que o Velho Testamento seja menos importante que o Novo Testamento. Cada Testamento complementa o outro e cada época, com seu conteúdo revelatório, se inter-relaciona e contribui para as outras.

Podemos ilustrar o princípio do fluxo ou progressão referindo-nos ao governo da igreja. Não procuramos hoje governar a igreja como Moisés governou o povo (embora possamos aprender de sua humildade), nem governamos nossas igrejas como o fez Samuel (embora possamos aprender de seu exemplo como um mestre sistemático, 1 Samuel 7.15-17). Não governamos a igreja como se fôssemos Jesus, e certamente não como seus apóstolos a governaram. Ao contrário, observamos o progresso da revelação e vemos que somos finalmente levados às epístolas pastorais, onde abundante instrução é dada a nós sobre como as igrejas devem ser governadas até o final dos tempos (1Tm 3 e 2Tm 2.2).

O princípio pode também ser ilustrado com o assunto do batismo. Embora seja possível que João tenha aprendido a prática da imersão com os essênios, podemos dizer que João foi o primeiro a batizar na época do Novo Testamento. Ele reivindica o arrependimento como condição ao batismo, mas falou de Jesus que batizaria com o Espírito Santo e com fogo. Isto Jesus fez, em Pentecostes. Agora, como crentes, fomos incorporados ou batizados na Trindade pelo Espírito Santo. Nosso batismo em água permanece como o símbolo disto; uma figura que é imensuravelmente enriquecida com os eventos que formam seu pano de fundo. Somos auxiliados, observando os elos na corrente e vendo o que é retido e o que é descartado à medida em que avançamos.

Os mesmos princípios se aplicam ao assunto de profecia, que é a declaração da mente e conselho de Deus. Quando cessou a profecia? Em *Reformation Today*, nº. 78, Paul Noble aborda a questão de Cristo como profeta e se foi extinta a profecia ou não. A cessação da profecia é discutida por Douglas Judisch. Ele considera as relevantes passagens em Daniel e Zacarias. Também explica a passagem de 1 Coríntios 13.8-13. Victor Budgen, autor da biografia de Hus, recentemente publicada (323 pp.), está preparando um manuscrito sobre o assunto de profecia e línguas. Refere-se a muitas fontes contemporâneas. A respeito da passagem de 1 Coríntios 13.8-13, o Pastor Budgen nos lembra que não é gritaria, mas exegese, que decidirá esta questão. Wayne A. Grudem é o autor de *The Gift of Profecy in 1 Corinthians* (O Dom de Profecia em 1 Coríntios), University Press of America, Washington, D.C. Este trabalho é revisto por Dan G. McCartney no *Westminster Theological Journal* (Revista Teológica de Westminster), Primavera, 1983. McCartney demonstra a plausibilidade da tese de Grudem, que é estabelecer um ponto intermediário para a função da profecia. McCartney pesa o conceito de ponto intermediário nas balanças da Escritura e o rejeita como deficiente.

FIEL MINISTÉRIO

O Ministério Fiel visa apoiar a igreja de Deus, fornecendo conteúdo fiel às Escrituras através de conferências, cursos teológicos, literatura, ministério Adote um Pastor e conteúdo online gratuito.

Disponibilizamos em nosso site centenas de recursos, como vídeos de pregações e conferências, artigos, e-books, audiolivros, blog e muito mais. Lá também é possível assinar nosso informativo e se tornar parte da comunidade Fiel, recebendo acesso a esses e outros materiais, além de promoções exclusivas.

Visite nosso site

www.ministeriofiel.com.br

Esta obra foi composta em AJenson Pro Regular 12, e impressa
na Promove Artes Gráficas sobre o papel Pólen Soft 70g/m²,
para Editora Fiel, em Janeiro de 2021